# PABLO NERUDA
(1904-1973)

Ricardo Neftalí Reyes Basoalto nasceu na cidade chilena de Parral, em 12 de julho de 1904. Sua mãe era professora e morreu logo após o nascimento do filho. Seu pai, que era ferroviário, mudou-se para a cidade de Temuco, onde se casou novamente. Ricardo passou a infância perto de florestas, em meio à natureza virgem, o que marcaria para sempre seu imaginário, refletindo-se na sua obra literária.

Com treze anos, começou a contribuir com alguns textos para o jornal *La Montaña*. Foi em 1920 que surgiu o pseudônimo Pablo Neruda – uma homenagem ao poeta tchecoslovaco Jan Neruda. Vários dos poemas desse período estão presentes em *Crepusculário*, o primeiro livro do poeta, publicado em 1923.

Além das suas atividades literárias, Neruda estudou francês e pedagogia na Universidade do Chile. No período de 1927 a 1935, trabalhou como diplomata, vivendo em Burma, Sri Lanka, Java, Cingapura, Buenos Aires, Barcelona e Madri. Em 1930, casou-se com María Antonieta Hagenaar, de quem se divorciaria em 1936. Em 1955, conheceu Matilde Urrutia, com quem ficaria até o final da vida.

Em meio às turbulências políticas do período entre-guerras, publicou o livro que marcaria um novo período em sua obra, *Residência na terra* (1933). Em 1936, o estouro da Guerra Civil Espanhola e o assassinato de García Lorca aproximaram o poeta chileno dos republicanos espanhóis, e ele acabou destituído de seu cargo consular. Em 1943, voltou ao Chile, e, em 1945 foi eleito senador da república, filiando-se ao partido comunista chileno. Teve de viver clandestinamente em seu próprio país por dois anos, até exilar-se, em 1949. Um ano clandestinamente no Chile o título mais célebre de Ner

telúrica que exalta poderosamente toda a vida do Novo Mundo, denuncia a impostura dos conquistadores e a tristeza dos povos explorados, expressando um grito de fraternidade através de imagens poderosas.

Após viver em diversos países, Neruda voltou ao Chile em 1952. Muito do que ele escreveu nesse tempo tem profundas marcas políticas, como é o caso de *As uvas e o vento* (1954), que pode ser considerado o diário de exílio do poeta. Em 1971, Pablo Neruda recebeu a honraria máxima para um escritor, o Prêmio Nobel de Literatura. Morreu em Santiago do Chile, em 23 de setembro de 1973, apenas alguns dias após o golpe militar que depusera da presidência do país o seu amigo Salvador Allende.

Livros do autor na Coleção **L&PM** POCKET:

*A barcarola*
*Cantos cerimoniais (Edição bilíngue)*
*Cem sonetos de amor*
*O coração amarelo (Edição bilíngue)*
*Crepusculário (Edição bilíngue)*
*Defeitos escolhidos & 2000 (Edição bilíngue)*
*Elegia (Edição bilíngue)*
*Jardim de inverno (Edição bilíngue)*
*Livro das perguntas (Edição bilíngue)*
*Memorial de Isla Negra*
*Residência na terra I (Edição bilíngue)*
*Residência na terra II (Edição bilíngue)*
*A rosa separada (Edição bilíngue)*
*Terceira residência (Edição bilíngue)*
*Últimos poemas (Edição bilíngue)*
*As uvas e o vento*
*Vinte poemas de amor e uma canção desesperada (Edição bilíngue)*

# PABLO NERUDA

# RESIDÊNCIA NA TERRA I
# (1925-1931)

*Tradução de* Paulo Mendes Campos

**EDIÇÃO BILÍNGUE**

www.lpm.com.br

**L&PM** POCKET

Coleção **L&PM** POCKET, vol. 379

Texto de acordo com a nova ortografia
Título do original espanhol: *Residencia en la Tierra I*

Primeira edição na Coleção **L&PM** POCKET: setembro de 2004
Esta reimpressão: novembro de 2024

*Capa:* Ivan Pinheiro Machado. *Ilustração:* "La famille de saltimbanques", Pablo Picasso (1905)
*Tradução:* Paulo Mendes Campos
*Revisão:* Suely Bastos, Antônio Falcetta e Larissa Roso

---

N454r  Neruda, Pablo, 1904-1973.
 Residência na terra I / Neftali Ricardo Reyes; tradução
de Paulo Mendes Campos. – Porto Alegre: L&PM, 2024.
 128 p. ; 18 cm. – (Coleção L&PM POCKET)

 Nota: Edição bilíngue: espanhol-português.
 ISBN 978-85-254-1350-5

 1.Literatura chilena-poesias. 2.Reyes, Neftali Ricardo,
1904-1973. I.Título. II.Série.

 CDD Ch861
 CDU 821.134.2(83)-1

Catalogação elaborada por Izabel A. Merlo, CRB 10/329

---

© Fundación Pablo Neruda, 1933

Todos os direitos desta edição reservados a L&PM Editores
Rua Comendador Coruja 314, loja 9 – Floresta – 90.220-180
Porto Alegre – RS – Brasil / Fone: 51.3225.5777

Pedidos & Depto. Comercial: vendas@lpm.com.br
Fale conosco: info@lpm.com.br
www.lpm.com.br

Impresso no Brasil
Primavera de 2024

# SUMÁRIO

**I**

Galope muerto .................................................. 10
Galope morto ................................................... 11
Alianza (sonata) ............................................... 14
Aliança (sonata) ............................................... 15
Caballo de los sueños ....................................... 18
Cavalo dos sonhos ............................................ 19
Débil del alba ................................................... 22
Débil da alba .................................................... 23
Unidad .............................................................. 26
Unidade ............................................................ 27
Sabor ................................................................ 28
Sabor ................................................................ 29
Ausencia de Joaquín ........................................ 30
Ausência de Joaquim ....................................... 31
Madrigal escrito en invierno ............................ 32
Madrigal escrito no inverno ............................. 33
Fantasma .......................................................... 34
Fantasma .......................................................... 35
Lamento lento .................................................. 36
Lamento lento .................................................. 37
Colección nocturna .......................................... 38
Coleção noturna ............................................... 39
Juntos nosotros ................................................ 44
Juntos nós ........................................................ 45
Tiranía .............................................................. 48
Tirania .............................................................. 49

Serenata .................................................................50
Serenata .................................................................51
Diurno doliente....................................................52
Diurno dolente.....................................................53
Monzón de mayo ................................................56
Monção de maio ..................................................57
Arte poética .........................................................60
Arte poética .........................................................61
Sistema sombrío ..................................................62
Sistema sombrio ..................................................63
Ángela adónica ...................................................64
Ângela adônica ...................................................65
Sonata y destrucciones........................................66
Sonata e destruições............................................67

## II
La noche del soldado ..........................................72
A noite do soldado ..............................................73
Comunicaciones desmentidas............................78
Comunicações desmentidas ...............................79
El deshabitado .....................................................82
O desabitado........................................................83
El joven monarca.................................................86
O jovem monarca................................................87
Establecimientos nocturnos ...............................88
Estabelecimentos noturnos ................................89
Entierro en el este................................................90
Enterro no leste ...................................................91

## III

Caballero solo ..................................................... 94
Cavaleiro só ........................................................ 95
Ritual de mis piernas ........................................ 98
Ritual das minhas pernas ................................. 99
El fantasma del buque de carga .................... 104
O fantasma do navio cargueiro ..................... 105
Tango del viudo ............................................... 110
Tango do viúvo ................................................ 111

## IV

Cantares ........................................................... 116
Cantares ........................................................... 117
Trabajo frío ...................................................... 120
Trabalho frio ................................................... 121
Significa sombras ............................................ 124
Significa sombras ............................................ 125

I

# GALOPE MUERTO

Como cenizas, como mares poblándose,
en la sumergida lentitud, en lo informe,
o como se oyen desde el alto de los caminos
cruzar las campanadas en cruz,
teniendo ese sonido ya parte del metal,
confuso, pesando, haciéndose polvo
en el mismo molino de las formas demasiado lejos,
o recordadas o no vistas,
y el perfume de las ciruelas que rodando a tierra
se pudren en el tiempo, infinitamente verdes.

Aquello todo tan rápido, tan viviente,
inmóvil sin embargo, como la polea loca en sí misma,
esas ruedas de los motores, en fin.
Existiendo como las puntadas secas en las costuras
        del árbol,
callado, por alrededor, de tal modo,
mezclando todos los limbos sus colas.

Es que de dónde, por dónde, en qué orilla?
El rodeo constante, incierto, tan mudo,
como las lilas alrededor del convento,
o la llegada de la muerte a la lengua del buey
que cae a tumbos, guardabajo, y cuyos cuernos
        quieren sonar.

Por eso, en lo inmóvil, deteniéndose, percibir,
entonces, como aleteo inmenso, encima,

# GALOPE MORTO

Como cinzas, como mares povoando-se,
na submergida lentidão, no informe,
ou como se ouvem do alto dos caminhos
as badaladas em cruz se cruzando,
tendo esse som já parte do metal,
confuso, pesando, fazendo-se pó
no mesmo moinho das formas demasiado distantes,
ou relembradas ou não vistas,
e o perfume das ameixas que rolando no chão
apodrecem no tempo, infinitamente verdes.

Aquilo tudo tão rápido, tão vivente,
imóvel todavia, como a roldana louca em si mesma,
essas rodas dos motores, enfim.
Existindo como os alinhavos secos nas costuras da
        árvore,
calada, pelos arredores, de tal modo,
mesclando todos os limbos suas caudas.

E de onde, por onde, em que orla?
O giro constante, incerto, tão mudo,
como os lilases ao redor do convento,
ou a chegada da morte à língua do boi
que cai aos tombos, cabisbaixo, e cujos chifres querem
        ressoar.

Por isso, no imóvel, detendo-se, perceber,
então, como adejo imenso, em cima,

como abejas muertas o números,
ay, lo que mi corazón pálido no puede abarcar,
en multitudes, en lágrimas saliendo apenas,
y esfuerzos humanos, tormentas,
acciones negras descubiertas de repente
como hielos, desorden vasto,
oceánico, para mi que entro cantando,
como con una espada entre indefensos.

Ahora bien, de qué está hecho ese surgir de palomas
que hay entre la noche y el tiempo, como una barranca
      húmeda?
Ese sonido ya tan largo
que cae listando de piedras los caminos,
más bien, cuando sólo una hora
crece de improviso, extendiéndose sin tregua.

Adentro del anillo del verano
una vez los grandes zapallos escuchan,
estirando sus plantas conmovedoras,
de eso, de lo que solicitándose mucho,
de lo lleno, oscuros de pesadas gotas.

como abelhas mortas ou números,
ai, o que meu coração pálido não pode abarcar,
em multidões, em lágrimas a custo saindo,
e esforços humanos, tormentas,
ações negras descobertas de repente
como gelos, desordem vasta,
oceânica, para mim que entro cantando,
qual uma espada entre indefesos.

Afinal, de que é feito esse surgir de pombas
que há entre a noite e o tempo, como um barranco
       úmido?
Esse som já tão longe
que cai riscando de pedras os caminhos,
melhor ainda, quando só uma hora
cresce de improviso, estendendo-se sem trégua.

Dentro do anel do verão
uma vez as grandes aboboreiras escutam,
estirando suas ramas comovedoras,
disso, daquilo que se solicitando muito,
do pleno, escuras de pesadas gotas.

# **ALIANZA (Sonata)**

De miradas polvorientas caídas al suelo
o de hojas sin sonido y sepultándose.
De metales sin luz, con el vacío,
con la ausencia del día muerto de golpe.
En lo alto de las manos el deslumbrar de mariposas,
 el arrancar de mariposas cuya luz no tiene término.

Tú guardabas la estela de luz, de seres rotos
que el sol abandonado, atardeciendo, arroja a las
          iglesias.
Teñida con miradas, con objeto de abejas,
tu material de inesperada llama huyendo
precede y sigue al día y a su familia de oro.

Los días acechando cruzan en sigilo
pero caen adentro de tu voz de luz.
Oh dueña del amor, en tu descanso
fundé mi sueno, mi actitud callada.

Con tu cuerpo de número tímido, extendido de
          pronto
hasta las cantidades que definen la tierra,
detrás de la pelea de los días blancos de espacio
y fríos de muertes lentas y estímulos marchitos,
siento arder tu regazo y transitar tus besos
haciendo golondrinas frescas en mi sueño.

# ALIANÇA (Sonata)

De olhares empoeirados caídos no chão
ou de folhas sem som se sepultando.
De metais sem luz, como vazio,
com a ausência do dia morto de golpe.
No alto das mãos o deslumbrar de mariposas,
a arrancada de mariposas cuja luz não tem termo.

Guardavas a estela de luz, de seres rotos
que o sol abandonado, entardecendo, arroja as
    igrejas.
Tingida com olhares, com objeto de abelhas,
o teu material de inesperada chama fugindo
precede e acompanha o dia e sua família de ouro.

Os dias espreitando cruzam em sigilo
mas tombam para dentro da tua voz de luz.
Oh dono do amor, no teu descanso
fundei o meu sonho, a minha atitude calada.

Como o teu corpo de número tímido, estendido de
    repente
até as quantidades que definem a terra,
atrás da peleja dos dias brancos de espaço
e frios de mortes lentas e estímulos murchos,
sinto arder o teu regaço e transitar os teus beijos
a fazer andorinhas frescas no meu sonho.

A veces el destino de tus lágrimas asciende
como la edad hasta mi frente, allí
están golpeando las olas, destruyéndose de muerte:
su movimiento es húmedo, decaído, final.

Às vezes o destino das tuas lágrimas ascende
como a idade até minha fronte, lá
estão batendo as ondas, destruindo-se de morte:
seu movimento é úmido, decaído, final.

# CABALLO DE LOS SUEÑOS

*Innecesario, viéndome en los espejos,
con un gusto a semanas, a biógrafos, a papeles,
arranco de mi corazón al capitán del infierno,
establezco cláusulas indefinidamente tristes.*

*Vago de un punto a otro, absorbo ilusiones,
converso con los sastres en sus nidos:
ellos, a menudo, con voz fatal y fría,
cantan y hacen huir los maleficios.*

*Hay un país extenso en el cielo
con las supersticiosas alfombras del arco-iris,
y con vegetaciones vesperales:
hacia allí me dirijo, no sin cierta fatiga,
pisando una tierra removida de sepulcros un tanto
          frescos,
yo sueño entre esas plantas de legumbre confusa.*

*Paso entre documentos disfrutados, entre orígenes,
vestido como un ser original y abatido:
amo la miel gastada del respeto,
el dulce catecismo entre cuyas hojas
duermen violetas envejecidas, desvanecidas,
y las escobas, conmovedoras de auxilio:
en su apariencia hay, sin duda, pesadumbre y certeza.
Yo destruyo la rosa que silba y la ansiedad raptora:
yo rompo extremos queridos: y aun más,*

# CAVALO DOS SONHOS

*Desnecessário, olhando-me nos espelhos,*
*com um gosto de semanas, de biógrafos, de papéis,*
*arranco do meu coração o capitão do inferno,*
*estabeleço cláusulas indefinidamente tristes.*

*Vagueio dum ponto a outro, absorvo ilusões,*
*converso com os alfaiates nos seus ninhos:*
*eles, amiúde, com voz fatal e fria,*
*cantam, botando em fuga os malefícios.*

*Há um país extenso no céu*
*com os supersticiosos tapetes do arco-íris,*
*e vegetações vesperais:*
*para lá me dirijo, não sem uma certa fadiga,*
*pisando uma terra removida de sepulcros um tanto*
        *frescos,*
*eu sonho entre essas plantas de legume confuso.*

*Passo entre documentos desfrutados, entre origens,*
*vestido como um ser original e abatido:*
*amo o mel cediço do respeito,*
*o doce catecismo entre cujas folhas*
*dormem violetas envelhecidas, esvaídas,*
*e as vassouras, comovedoras de auxílio:*
*na sua aparência há decerto pesar e certeza.*
*Destruo a rosa que sibila e a ansiedade raptora:*
*rompo extremos queridos: e ainda mais,*

*aguardo el tiempo uniforme, sin medida:*
*un sabor que tengo en el alma me deprime.*

*Qué día ha sobrevenido! Qué espesa luz de leche,*
*compacta, digital, me favorece!*
*He oído relinchar su rojo caballo*
*desnudo, sin herraduras y radiante.*
*Atravieso con él sobre las iglesias,*
*galopo los cuarteles desiertos de soldados*
*y un ejército impuro me persigue.*
*Sus ojos de eucaliptus roban sombra,*
*su cuerpo de campana galopa y golpea.*

*Yo necesito un relámpago de fulgor persistente,*
*un deudo festival que asuma mis herencias.*

*aguardo o tempo uniforme, sem medida:*
*um sabor que tenho na alma me deprime.*

*Que dia sobreveio! Que espessa luz de leite,*
*compacta, digital, me favorece!*
*Ouvi o relincho do seu cavalo vermelho*
*e nu, sem ferraduras e radiante.*
*Atravesso com ele sobre as igrejas,*
*galopo pelos quartéis desertos de soldados*
*e um exército impuro me persegue.*
*Seus olhos de eucalipto roubam sombra,*
*seu corpo de sino galopa e golpeia.*

*Preciso dum relâmpago de fulgor persistente,*
*um parente festivo que assuma as minhas heranças.*

# DÉBIL DEL ALBA

EL DÍA de los desventurados, el día pálido se asoma
con un desgarrador olor frío, con sus fuerzas en gris,
sin cascabeles, goteando el alba por todas partes:
es un naufragio en el vacío, con un alrededor de llanto.

Porque se fue de tantos sitios la sombra húmeda,
           callada,
de tantas cavilaciones en vano, de tantos parajes terrestres
en donde debió ocupar hasta el designio de las raíces,
de tanta forma aguda que se defendía.

Yo lloro en medio de lo invadido, entre lo confuso,
entre el sabor creciente, poniendo el oído
en la pura circulación, en el aumento,
cediendo sin rumbo el paso a lo que arriba,
a lo que surge vestido de cadenas y claveles,
yo sueño, sobrellevando mis vestigios morales.

Nada hay de precipitado, ni de alegre, ni de forma
           orgullosa,
todo aparece haciéndose con evidente pobreza,
la luz de la tierra sale de sus párpados
no como la campanada, sino más bien como las lágrimas:
el tejido del día, su lienzo débil
sirve para una venda de enfermos, sirve para hacer señas
en una despedida, detrás de la ausencia:
es el color que sólo quiere reemplazar,
cubrir, tragar, vencer, hacer distancias.

# DÉBIL DA ALBA

O dia dos desventurados, o dia pálido assoma
com um dilacerante aroma frio, com suas forças em gris,
sem guizos, gotejando a alva por todos os lados:
é um naufrágio no vazio, com arredores de pranto.

Porque se foi de tantos lugares a sombra úmida,
        silenciosa,
de tantas cavilações em vão, de tantas paragens terrestres
nas quais teve de ocupar até o desígnio das raízes,
de tanta forma aguda que se defendia.

Eu choro no meio do invadido, entre o confuso,
entre o sabor crescente, pondo o ouvido
na pura circulação, no aumento,
cedendo sem rumo o passo ao que chega,
ao que surge vestido de correntes e cravos,
eu sonho, suportando os meus vestígios morais.

Nada há de precipitado, nem de alegre, nem de forma
        orgulhosa,
tudo surge se fazendo com evidente pobreza,
a luz da terra sai de suas pálpebras,
não como a badalada, antes como as lágrimas:
o tecido do dia, o seu pano débil,
serve para vendar um doente, serve para fazer sinais
numa despedida, detrás da ausência:
é a cor que só quer substituir,
cobrir, tragar, vencer, fazer distâncias.

Estoy solo entre materias desvencijadas,
la lluvia cae sobre mí, y se me parece,
se me parece con su desvarío, solitaria en el mundo
 muerto,
rechazada al caer, y sin forma obstinada.

Estou só entre matérias desmanteladas,
a chuva cai sobre mim, e me parece,
me parece no seu desvario, solitária no mundo morto,
rechaçada ao cair, e sem forma obstinada.

# UNIDAD

*Hay algo denso, unido, sentado en el fondo,*
*repitiendo su número, su señal idéntica.*
*Cómo se nota que las piedras han tocado el tiempo,*
*en su fina materia hay olor a edad*
*y el agua que trae el mar, de sal y sueño.*

*Me rodea una misma cosa, un solo movimiento:*
*el peso del mineral, la luz de la piel,*
*se pegan al sonido de la palabra noche:*
*la tinta del trigo, del marfil, del llanto,*
*las cosas de cuero, de madera, de lana,*
*envejecidas, desteñidas, uniformes,*
*se unen en torno a mí como paredes.*

*Trabajo sordamente, girando sobre mí mismo,*
*como el cuervo sobre la muerte, el cuervo de luto.*
*Pienso, aislado en lo extenso de las estaciones,*
*central, rodeado de geografía silenciosa:*
*una temperatura parcial cae del cielo,*
*un extremo imperio de confusas unidades*
*se reúne rodeándome.*

# UNIDADE

*Há algo denso, unido, sentado no fundo,*
*repetindo o seu número, o seu sinal idêntico.*
*Como se nota que as pedras tocaram o tempo,*
*na sua fina matéria há um cheiro de idade*
*e a água que traz o mar, de sal e sonho.*

*Me cerca uma mesma coisa, um só movimento:*
*o peso do mineral, a luz da pele,*
*grudam-se ao som da palavra noite:*
*a tinta do trigo, do marfim, do pranto,*
*as coisas de couro, de madeira, de lã,*
*envelhecidas, desbotadas, uniformes,*
*unem-se em torno de mim como paredes.*

*Trabalho surdamente, girando sobre mim mesmo,*
*como o corvo sobre a morte, o corvo de luto.*
*Penso, ilhado no extenso das estações,*
*central, rodeado de geografia silenciosa:*
*uma temperatura parcial cai do céu,*
*um extremo império de confusas unidades*
*se reúne rodeando-me.*

# SABOR

De falsas astrologías, de costumbres un tanto lúgubres,
vertidas en lo inacabable y siempre llevadas al lado,
he conservado una tendencia, un sabor solitario.

De conversaciones gastadas como usadas maderas,
con humildad de sillas, con palabras ocupadas
en servir como esclavos de voluntad secundaria,
teniendo esa consistencia de la leche, de las semanas muertas,
del aire encadenado sobre las ciudades.

Quién puede jactarse de paciencia más sólida?
La cordura me envuelve de piel compacta
de un color reunido como una culebra:
mis criaturas nacen de un largo rechazo:
ay, con un solo alcohol puedo despedir este día
que he elegido, igual entre los días terrestres.

Vivo lleno de una substancia de color común, silenciosa
como una vieja madre, una paciencia fija
como sombra de iglesia o reposo de huesos.
Voy lleno de esas aguas dispuestas profundamente,
preparadas, durmiéndose en una atención triste.

En mi interior de guitarra hay un aire viejo,
seco y sonoro, permanecido, inmóvil,
como una nutrición fiel, como humo:
un elemento en descanso, un aceite vivo:
un pájaro de rigor cuida mi cabeza:
un ángel invariable vive en mi espada.

# SABOR

DE FALSAS ASTROLOGIAS, de práticas um tanto lúgubres,
vertidas no inacabável e sempre levadas à parte,
conservei uma tendência, um sabor solitário.

De conversações gastas como usadas madeiras,
com humildade de cadeiras, com palavras ocupadas
em servir como escravos de vontade secundária,
tendo essa consistência do leite, das sementes mortas,
da aragem acorrentada sobre as cidades.

Quem pode jactar-se de paciência mais sólida?
A cordura me envolve de pele compacta
duma cor agrupada como a cobra:
nascem as minhas criaturas dum longo rechaço:
com um só álcool, ai, posso despedir este dia
que elegi, igual entre os dias terrestres.

Vivo cheio duma substância de cor comum, silenciosa
feito uma velha mãe, uma paciência fixa
como sombra de igreja ou repouso de ossos.
Vou cheio dessas águas dispostas profundamente,
preparadas, a dormir numa atenção triste.

No meu interior de guitarra há um ar velho,
seco e sonoro, permanecido, imóvel,
feito uma nutrição fiel, uma fumaça:
um elemento em descanso, um azeite vivo:
um pássaro de rigor cuida a minha cabeça:
um anjo invariável vive na minha espada.

# AUSENCIA DE JOAQUÍN

Desde ahora, como una partida verificada lejos,
en funerales estaciones de humo o solitarios malecones,
desde ahora lo veo precipitándose en su muerte,
y detrás de él siento cerrarse los días del tiempo.

Desde ahora, bruscamente, siento que parte,
precipitándose en las aguas, en ciertas aguas, en cierto
      océano,
y fuego, al golpe suyo, gotas se levantan, y un ruido,
un determinado, sordo ruido siento producirse,
un golpe de agua azotada por su peso,
y de alguna parte, de alguna parte siento que saltan y
      salpican estas aguas,
sobre mí salpican estas aguas, y viven como ácidos.

Su costumbre de sueños y desmedidas noches,
su alma desobediente, su preparada palidez
duermen con él por último, y él duerme,
porque al mar de los muertos su pasión desplómase,
violentamente hundiéndose, fríamente asociándose.

# AUSÊNCIA DE JOAQUIM

Desde já, como uma partida verificada longe,
em funerais estações de fumaça ou solitários cais,
desde já o vejo a precipitar-se na sua morte,
e atrás dele sinto que se fecham os dias do tempo.

Desde já, bruscamente, sinto que parte,
a precipitar-se nas águas, em certas águas, um certo
    oceano,
e logo, com o baque, gotas se levantam, e um ruído,
um determinado, surdo ruído sinto produzir-se,
um baque de água açoitada por seu peso,
e de algum lugar, de algum lugar sinto que saltam e
    respingam essas águas,
em mim respingam essas águas, e vivem como ácidos.

Seu hábito de sonhos e desmedidas noites,
sua alma desobediente, sua preparada palidez,
dormem com ele por último, e ele dorme,
porque no mar dos mortos a sua paixão se desmorona,
violentamente se afundando, friamente se associando.

# MADRIGAL ESCRITO EN INVIERNO

En el fondo del mar profundo,
en la noche de largas listas,
como un caballo cruza corriendo
tu callado callado nombre.

Alójame en tu espalda, ay, refúgiame,
aparéceme en tu espejo, de pronto,
sobre la hoja solitaria, nocturna,
brotando de lo oscuro, detrás de ti.

Flor de la dulce luz completa,
acúdeme tu boca de besos,
violenta de separaciones,
determinada y fina boca.

Ahora bien, en lo largo y largo,
de olvido a olvido residen conmigo
los rieles, el grito de la lluvia:
lo que la oscura noche preserva.

Acógeme en la tarde de hilo,
cuando al anochecer trabaja
su vestuario y palpita en el cielo
una estrella llena de viento.

Acércame tu ausencia hasta el fondo,
pesadamente, tapándote los ojos,
crúzame tu existencia, suponiendo
que mi corazón está destruido.

# MADRIGAL ESCRITO NO INVERNO

No fundo do mar profundo,
na noite de longas riscas,
como um cavalo cruza correndo
o teu calado calado nome.

Aloja-me em tuas costas, ai, refugia-me,
aparece-me no teu espelho, de repente,
sobre a folha solitária, noturna,
brotando do escuro, atrás de ti.

Flor da doce luz completa,
socorre-me a tua boca de beijos,
violenta de separações,
determinada e fina boca.

Afinal, no longe do longe,
de olvido a olvido residem comigo
os trilhos, o grito da chuva:
o que a escura noite preserva.

Acolhe-me na tarde de linho,
quando ao anoitecer trabalha
o seu vestuário e palpita no céu
uma estrela cheia de vento.

Chega-me a tua ausência até o fundo,
pesadamente, tapando-te os olhos,
cruza-me a tua existência, supondo
que o meu coração está destruído.

# FANTASMA

Cómo surges de antaño, llegando,
encandilada, pálida estudiante,
a cuya voz aún piden consuelo
los meses dilatados y fijos.

Sus ojos luchaban como remeros
en el infinito muerto
con esperanza de sueño y materia
de seres saliendo del mar.

De la lejanía en donde
el olor de la tierra es otro
y lo vespertino llega llorando
en forma de oscuras amapolas.

En la altura de los días inmóviles
el insensible joven diurno
en tu rayo de luz se dormía
afirmado como en una espada.

Mientras tanto crece a la sombra
del largo transcurso en olvido
la flor de la soledad, húmeda, extensa,
como la tierra en un largo invierno.

# FANTASMA

Como surges de outrora, chegando,
deslumbrada, pálida estudante,
a cuja voz ainda pedem consolo
os meses dilatados e fixos.

Seus olhos lutavam como remadores
no infinito morto
com esperança de sonho e matéria
de seres saindo do mar.

Da lonjura onde
o cheiro da terra é outro
e o vespertino chega chorando
em forma de escuras papoulas.

Na altura dos dias imóveis
o insensível jovem diurno
no teu raio de luz adormecia
apoiado como numa espada.

Enquanto isso cresce à sombra
do longo transcurso no esquecimento
a flor da solidão, úmida, extensa,
como a terra num longo inverno.

# LAMENTO LENTO

*En la noche del corazón
la gota de tu nombre lento
en silencio circula y cae
y rompe y desarrolla su agua.*

*Algo quiere su leve daño
y su estima infinita y corta,
como el paso de un ser perdido
de pronto oído.*

*De pronto, de pronto escuchado
y repartido en el corazón
con triste insistencia y aumento
como un sueño frío de otoño.*

*La espesa rueda de la tierra
su llanta húmeda de olvido
hace rodar, cortando el tiempo
en mitades inaccesibles.*

*Sus copas duras cubren tu alma
derramada en la tierra fría
con sus pobres chispas azules
volando en la voz de la lluvia*

# LAMENTO LENTO

*Na noite do coração*
*a gota do teu nome lento*
*em silêncio circula e cai*
*e rompe e desenrola a sua água.*

*Algo deseja o seu leve dano*
*e a sua estima infinita e curta,*
*como o passo dum ser perdido*
*de repente ouvido.*

*De repente, de repente escutado*
*e repartido no coração*
*com triste insistência e acréscimo*
*como um sono frio de outono.*

*A espessa roda da terra*
*seu aro úmido de olvido*
*faz rodar, cortando*
*o tempo em metades inacessíveis.*

*Suas copas duras cobrem a tua alma*
*derramada na terra fria*
*com as pobres chispas azuis*
*a voar na voz da chuva.*

# COLECCIÓN NOCTURNA

He vencido al ángel del sueño, el funesto alegórico:
su gestión insistía, su denso paso llega
envuelto en caracoles y cigarras,
marino, perfumado de frutos agudos.

Es el viento que agita los meses, el silbido de un tren,
el paso de la temperatura sobre el lecho,
un opaco sonido de sombra
que cae como trapo en lo interminable,
una repetición de distancias, un vino de color confundido,
un paso polvoriento de vacas bramando.

A veces su canasto negro cae en mi pecho,
sus sacos de dominio hieren mi hombro,
su multitud de sal, su ejercito entreabierto
recorren y revuelven las cosas del cielo:
él galopa en la respiración y su paso es de beso:
su salitre seguro planta en los párpados
con vigor esencial y solemne propósito:
entra en lo preparado como un dueño:
su substancia sin ruido equipa de pronto,
su alimento profético propaga tenazmente.

Reconozco a menudo sus guerreros,
sus piezas corroídas por el aire, sus dimensiones,
y su necesidad de espacio es tan violenta
que baja hasta mi corazón a buscarlo:

# COLEÇÃO NOTURNA

Venci o anjo do sono, o funesto alegórico:
sua gestão insistia, sua densa passada chega
envolta em caracóis e cigarras,
marinha, perfumada de frutas agudas.

É o vento que agita os meses, o apito dum trem,
o avançar da temperatura sobre o leito,
um opaco som de sombra
que cai como trapo no interminável,
uma repetição de distâncias, um vinho de cor confusa,
um tropel poeirento de vacas bramando.

Às vezes o seu canastro negro cai no meu peito,
seus sacos de domínio ferem o meu ombro,
sua multidão de sal, seu exército entreaberto
percorrem e revolvem as coisas do céu:
ele galopa na respiração e sua passada é de beijo:
seu salitre infalível planta nas pálpebras
com um vigor essencial e um solene propósito:
entra no preparado como um dono:
sua substância sem ruído apronta de súbito,
seu alimento profético propaga tenazmente.

Reconheço com frequência seus guerreiros,
suas peças corroídas pelo ar, suas dimensões,
e sua necessidade de espaço é tão violenta
que desce até o meu coração para buscá-lo:

él es el propietario de las mesetas inaccesibles,
él baila con personajes trágicos y cotidianos:
de noche rompe mi piel su ácido aéreo
y escucho en mi interior temblar su instrumento.

Yo oigo el sueño de viejos compañeros y mujeres amadas,
sueños cuyos latidos me quebrantan:
su material de alfombra piso en silencio,
su luz de amapola muerdo con delirio.

Cadáveres dormidos que a menudo
danzan asidos al peso de mi corazón,
qué ciudades opacas recorremos!
Mi pardo corcel de sombra se agiganta,
y sobre envejecidos tahúres, sobre lenocinios de
        escaleras gastadas,
sobre lechos de niñas desnudas, entre jugadores de foot-ball,
del viento ceñidos pasamos:
y entonces caen a nuestra boca esos frutos blandos del cielo,
los pájaros, las campanas conventuales, los cometas:
aquel que se nutrió de geografía pura y estremecimiento,
ése tal vez nos vio pasar centelleando.

Camaradas cuyas cabezas reposan sobre barriles,
en un desmantelado buque prófugo, lejos,
amigos míos sin lágrimas, mujeres de rostro cruel:
la medianoche ha llegado y un gong de muerte
golpea en torno mío como el mar.
Hay en la boca el sabor, la sal del dormido.
Fiel como una condena, a cada cuerpo

é ele o proprietário dos planaltos inacessíveis,
dança com personagens trágicas e cotidianas:
à noite me rompe a pele o seu ácido aéreo
e escuto no meu interior tremer o seu instrumento.

Ouço o sonho de velhos companheiros e mulheres amadas,
sonhos cujos latejos me quebrantam:
seu material de alfombra eu piso em silêncio,
sua luz de papoula mordo com delírio.

Cadáveres adormecidos que tantas vezes
dançam agarrados ao peso do meu coração,
que cidades opacas percorremos!
Meu pardo corcel de sombra se agiganta,
e sobre envelhecidos trapaceiros, sobre lenocínios de
        escadas gastas,
sobre camas de meninas nuas, entre jogadores de futebol,
pelo vento cingidos passamos:
e aí tombam em nossa boca esses frutos brandos do céu,
os pássaros, os sinos conventuais, os cometas:
aquele que se nutriu de geografia pura e estremecimento,
esse talvez nos viu passar faiscando.

Camaradas cujas cabeças repousam sobre barris,
num desmantelado barco em fuga, longe,
amigos meus, sem lágrimas, mulheres de rosto cruel:
a meia-noite é chegada e um gongo de morte
bate ao redor de mim como o mar.
Há na boca o sabor, o sal do adormecido.
Fiel como a condenação, a cada corpo

la palidez del distrito letárgico acude:
una sonrisa fría, sumergida,
unos ojos cubiertos como fatigados boxeadores,
una respiración que sordamente devora fantasmas.

En esa humedad de nacimiento, con esa proporción
       tenebrosa,
cerrada como una bodega, el aire es criminal:
las paredes tienen un triste color de cocodrilo,
una contextura de araña siniestra:
se pisa en lo blando como sobre un monstruo muerto:
las uvas negras inmensas, repletas,
cuelgan de entre las ruinas como odres:
oh Capitán, en nuestra hora de reparto
abre los mudos cerrojos y espérame:
allí debemos cenar vestidos de luto:
el enfermo de malaria guardará las puertas.

Mi corazón, es tarde y sin orillas,
el día, como un pobre mantel puesto a secar,
oscila rodeado de seres y extensión:
de cada ser viviente hay algo en la atmósfera:
mirando mucho el aire aparecerían mendigos,
abogados, bandidos, carteros, costureras,
y un poco de cada oficio, un resto humillado
quiere trabajar su parte en nuestro interior.
Yo busco desde antaño, yo examino sin arrogancia,
conquistado, sin duda, por lo vespertino.

a palidez do distrito letárgico acorre:
um sorriso frio, submerso,
uns olhos tapados como fatigados boxeadores,
uma respiração que surdamente devora fantasmas.

Nessa umidade de nascimento, com essa dimensão
    tenebrosa,
fechada como uma adega, o ar é criminoso.
As paredes têm uma triste cor de crocodilo,
uma contextura de aranha sinistra:
pisa-se no macio como sobre um monstro morto:
as uvas negras imensas, repletas,
pendem entre ruínas como odres:
oh capitão, na nossa hora de partilha
abre os mudos ferrolhos e me espera:
lá devemos jantar vestidos de luto:
o doente de malária guardará as portas.

Meu coração, é tarde e sem margem,
o dia como uma pobre toalha posta a secar,
oscila cercado de seres e extensão:
de cada ser vivo, há algo na atmosfera:
mirando muito a aragem surgiriam mendigos,
advogados, bandidos, carteiros, costureiras,
e um pouco de cada ofício, um resto humilhado
pretende trabalhar a sua parte em nosso interior.
Eu busco desde antanho, eu examino sem arrogância,
conquistado, sem dúvida, pelo vespertino.

# JUNTOS NOSOTROS

Qué PURA eres de sol o de noche caída,
qué triunfal desmedida tu órbita de blanco,
y tu pecho de pan, alto de clima,
tu corona de árboles negros, bienamada,
y tu nariz de animal solitario, de oveja salvaje
que huele a sombra y a precipitada fuga tiránica.
Ahora, qué armas espléndidas mis manos,
digna su pala de hueso y su lirio de uñas,
y el puesto de mi rostro, y el arriendo de mi alma
están situados en lo justo de la fuerza terrestre.

Qué pura mi mirada de nocturna influencia,
caída de ojos oscuros y feroz acicate,
mi simétrica estatua de piernas gemelas
sube hacia estrellas húmedas cada mañana,
y mi boca de exilio muerde la carne y la uva,
mis brazos de varón, mi pecho tatuado
en que penetra el vello como ala de estaño,
mi cara blanca hecha para la profundidad del sol,
mi pelo hecho de ritos, de minerales negros,
mi frente, penetrante como golpe o camino,
mi piel de hijo maduro, destinado al arado,
mis ojos de sal ávida, de matrimonio rápido,
mi lengua amiga blanda del dique y del buque,
mis dientes de horario blanco, de equidad sistemática,
la piel que hace a mi frente un vacío de hielos
y en mi espalda se torna, y vuela en mis párpados,

# JUNTOS NÓS

Que pura és de sol ou de noite caída,
que triunfal desmedida a tua órbita de branco,
e o teu peito de pão, alto de clima,
a tua coroa de árvores negras, bem-amada,
e o teu nariz de animal solitário, de ovelha selvagem
que cheiro a sombra e precipitada fuga tirânica.
Agora, que armas esplêndidas as minhas mãos,
digna a sua pá de osso e seu lírio de unhas,
e o posto do meu rosto e o arrendamento da minh'alma
estão situados no justo da força terrestre.

Que puro o meu olhar de noturna influência,
caído de olhos escuros e feroz acicate,
minha simétrica estátua de pernas gêmeas
sobe a estrelas úmidas cada manhã,
e minha boca de exílio morde a carne e a uva,
meus braços de varão, meu peito tatuado
em que penetra o pelo como asa de estanho,
minha cara branca feita para a profundidade do sol,
meu pelo feito de ritos, de minerais negros,
minha fronte, penetrante como golpe ou caminho,
minha pele de filho maduro, destinado ao arado,
meus olhos de sal ávido, de matrimônio rápido,
minha língua branda amiga do dique e do barco,
meus dentes de horário branco, de equidade sistemática,
a pele que faz na minha frente um vazio de gelos
e nas minhas costas se volta, e voa nas pálpebras,

y se repliega sobre mi más profundo estímulo,
y crece hacia las rosas en mis dedos,
en mi mentón de hueso y en mis pies de riqueza.

Y tú como un mes de estrella, como un beso fijo,
como estructura de ala, o comienzos de otoño,
niña, mi partidaria, mi amorosa,
la luz hace su lecho bajo tus grandes párpados,
dorados como bueyes, y la paloma redonda
hace sus nidos blancos frecuentemente en ti.
Hecha de ola en lingotes y tenazas blancas,
tu salud de manzana furiosa se estira sin límite,
el tonel temblador en que escucha tu estómago,
tus manos hijas de la harina y del cielo.

Qué parecida eres al más largo beso,
su sacudida fija parece nutrirte,
y su empuje de brasa, de bandera revuelta,
va latiendo en tus dominios y subiendo temblando,
y entonces tu cabeza se adelgaza en cabellos,
y su forma guerrera, su círculo seco,
se desploma de súbito en hilos lineales
como filos de espadas o herencias del humo.

e se redobra sobre o meu mais profundo estímulo,
e cresce para as rosas nos meus dedos,
no meu queixo de osso e nos meus pés de riqueza.

E tu como um mês de estrela, como um beijo fixo,
como estrutura de asa, ou começos de outono,
menina, minha partidária, minha amorosa,
a luz faz a cama debaixo das tuas grandes pálpebras
douradas como bois, e a pomba redonda
faz os seus ninhos brancos frequentemente em ti.
Feita de ondas em lingotes e tenazes brancas,
tua saúde de maçã furiosa se estende sem limites,
o tonel a tremer em que escuta o teu estômago,
as tuas mãos filhas da farinha e do céu.

Que parecida és ao mais longo beijo,
seu estremecimento fixo parece nutrir-te,
e o seu impulso de brasa, de bandeira revolta,
vai latejando em teus domínios e subindo a tremular,
e aí a tua cabeça se adelgaça em cabelos,
e sua forma guerreira, seu círculo seco,
se despenca de súbito em fios lineares
como gumes de espada ou heranças da fumaça.

# TIRANÍA

Oh dama sin corazón, hija del cielo,
auxíliame en esta solitaria hora
con tu directa indiferencia de arma
y tu frío sentido del olvido.

Un tiempo total como un océano,
una herida confusa como un nuevo ser
abarcan la tenaz raíz de mi alma
mordiendo el centro de mi seguridad.

Qué espeso latido se cimbra en mi corazón
como una ola hecha de todas las olas,
y mi desesperada cabeza se levanta
en un esfuerzo de salto y de muerte.

Hay algo enemigo temblando en mi certidumbre,
creciendo en el mismo origen de las lágrimas
como una planta desgarradora y dura
hecha de encadenadas hojas amargas.

# TIRANIA

Oh dama sem coração, filha do céu,
auxilia-me nesta solitária hora
com a tua direta indiferença de arma
e o teu frio sentido do esquecimento.

Um tempo total como um oceano,
uma ferida confusa como um novo ser
abarcam a tenaz raiz de minh'alma
mordendo o centro da minha segurança.

Que espesso pulsar se arqueia no meu coração
qual uma onda feita de todas as ondas,
e a minha desesperada cabeça se ergue
num esforço de salto e de morte.

Há algo inimigo a tremer na minha certeza,
a crescer na mesma origem das lágrimas
como uma planta diaceradora e dura
feita de encadeadas folhas amargas.

# SERENATA

EN TU FRENTE descansa el color de las amapolas,
el luto de las viudas halla eco, oh apiadada:
cuando corres detrás de los ferrocarriles, en los campos,
el delgado labrador te da la espalda,
de tus pisadas brotan temblando los dulces sapos.

El joven sin recuerdos te saluda, te pregunta por su
      olvidada voluntad,
las manos de él se mueven en tu atmósfera como
      pájaros,
y la humedad es grande a su alrededor:
cruzando sus pensamientos incompletos,
queriendo alcanzar algo, oh, buscándote,
le palpitan los ojos pálidos en tu red
como instrumentos perdidos que brillan de súbito.

O recuerdo el día primero de la sed,
la sombra apretada contra los jazmines,
el cuerpo profundo en que te recogías
como una gota temblando también.

Pero acallas los grandes árboles, y encima de la luna,
      sobrelejos,
vigilas el mar como un ladrón.
Oh noche, mi alma sobrecogida te pregunta
desesperadamente a ti por el metal que necesita.

# SERENATA

Na tua fronte descansa a cor das papoulas,
o luto das viúvas encontra eco, oh compadecida:
quando corres atrás dos trens de ferro, nos campos,
o franzino lavrador te dá as costas,
das tuas pisadas brotam a tremer os doces sapos.

O jovem sem recordações te saúda, te pergunta pela sua
        esquecida vontade,
as mãos dele se movem na tua atmosfera como
        pássaros,
e a umidade é grande a seu redor:
atravessando seus pensamentos incompletos,
querendo algo alcançar, oh, te buscando,
palpitam-lhe os olhos pálidos na tua rede
como instrumentos perdidos que brilham de súbito.

Ou recordo o primeiro dia da sede,
a sombra estreitada entre os jasmins,
o corpo profundo em que te recolhias
como uma gota a tremer também.

Mas calas as grandes árvores, e por cima da lua,
        sobre longe,
vigias o mar como um ladrão.
Oh noite, minha alma apanhada de surpresa te pergunta
desesperadamente a ti pelo metal de que precisa.

# DIURNO DOLIENTE

De pasión sobrante y sueños de ceniza
un pálido palio llevo, un cortejo evidente,
un viento de metal que vive solo,
un sirviente mortal vestido de hambre,
y en lo fresco que baja del árbol, en la esencia del sol
que su salud de astro implanta en las flores,
cuando a mi piel parecida al oro llega el placer,
tú, fantasma coral con pies de tigre,
tú, ocasión funeral, reunión ígnea,
acechando la patria en que sobrevivo
con tus lanzas lunares que tiemblan un poco.

Porque la ventana que el mediodía vacío atraviesa
tiene un día cualquiera mayor aire en sus alas,
el frenesí hincha el traje y el sueño al sombrero,
una abeja extremada arde sin tregua.
Ahora, qué imprevisto paso hace crujir los caminos?
Qué vapor de estación lúgubre, qué rostro de cristal,
y aún más, qué sonido de carro viejo con espigas?
Ay, una a una, la ola que llora y la sal que se triza,
y el tiempo del amor celestial que pasa volando,
han tenido voz de huéspedes y espacio en la espera.

De distancias llevadas a cabo, de resentimientos infieles,
de hereditarias esperanzas mezcladas con sombra,
de asistencias desgarradoramente dulces
y días de transparente veta y estatua floral,

# DIURNO DOLENTE

DE PAIXÃO transbordante e sonhos de cinza
um pálido pálio levo, um cortejo evidente,
um vento de metal que vive só,
um servidor mortal vestido de fome,
e na frase que baixa da árvore, na essência do sol
que a sua saúde de astro implanta nas flores,
quando à minha pele semelhante ao ouro chega o prazer,
tu, fantasma coral com pés de tigre,
tu, ocasião funerária, reunião ígnea,
espreitando a pátria na qual sobrevivo
com as tuas lanças lunares que tremem um pouco.

Porque a janela que o meio-dia vazio atravessa
tem um dia qualquer maior ar nas suas asas,
o frenesi infla a roupa e o sonho o chapéu,
uma abelha extremada arde sem trégua.
Assim, que imprevisto tropel faz estalar os caminhos?
Que vapor de estação lúgubre, que rosto de cristal,
e mais, que ruído de carroça velha com espigas?
Ai, uma a uma, a onda que chora e o sal que se tritura,
e o tempo do amor celestial que passa voando,
tiveram voz de hóspedes e espaço na espera.

De distâncias levadas a cabo, de ressentimentos infiéis,
de hereditárias esperanças mescladas com sombra,
de assistências diaceradoramente doces
e dias de transparente veia e estátua floral,

qué subsiste en mi término escaso, en mi débil
    producto?
De mi lecho amarillo y de mi substancia estrellada,
quién no es vecino y ausente a la vez?
Un esfuerzo que salta, una flecha de trigo
tengo, y un arco en mi pecho manifiestamente espera,
y un latido delgado, de agua y tenacidad,
como algo que se quiebra perpetuamente,
atraviesa hasta el fondo mis separaciones,
apaga mi poder y propaga mi duelo.

que subsiste no meu remate escasso, no meu débil
    produto?
Da minha cama amarela e da minha substância estrelada,
quem não é vizinho e ausente a um só tempo?
Um esforço que salta, uma flecha de trigo
tenho, e um arco no meu peito manifestamente espera,
e um latejar delgado, de água e tenacidade,
como algo que se quebra perpetuamente,
atravessa até o fundo as minhas separações,
apaga o meu poder e propaga o meu luto.

## MONZÓN DE MAYO

El viento de la estación, el viento verde,
cargado de espacio y agua, entendido en desdichas,
arrolla su bandera de lúgubre cuero,
y de una desvanecida substancia, como dinero de
           limosna:
así, plateado, frío, se ha cobijado un día
frágil como la espada de cristal de un gigante,
entre tantas fuerzas que amparan su suspiro que teme,
su lágrima al caer, su arena inútil,
rodeado de poderes que cruzan y crujen,
como un hombre desnudo en una batalla
levantando su ramo blanco, su certidumbre incierta,
su gota de sal trémula entre lo invadido.

Qué reposo emprender, qué pobre esperanza amar,
con tal débil llama y tan fugitivo fuego?
Contra qué levantar el hacha hambrienta?
De qué materia desposeer, huir de qué rayo?
Su luz apenas hecha de longitud y temblor
arrastra como cola de traje de novia triste
aderezada de sueño mortal y palidez.
Porque todo aquello que la sombra tocó y ambicionó
           el desorden
gravita, líquido, suspendido, desprovisto de paz,
indefenso entre espacios, vencido de muerte.
Ay, y es el destino de un día que fue esperado,
hacia el que corrían cartas, embarcaciones, negocios,

# MONÇÃO DE MAIO

O vento da estação, o vento verde,
carregado de espaço e água, entendido em desditas,
enrola a sua bandeira de lúgubre couro,
e de uma desvanecida substância, como dinheiro de
 esmola:
assim, prateado, frio, foi coberto um dia
frágil como a espada de cristal dum gigante,
entre tantas forças que amparam o seu suspiro que teme,
sua lágrima ao cair, sua areia inútil,
cercado de poderes que se cruzam e rangem,
como um homem nu na batalha
a erguer o seu ramo branco, a sua certeza incerta,
a sua gota de sal trêmula entre o invadido.

Que repouso empreender, que pobre esperança amar,
com uma chama tão débil e tão fugitivo fogo?
Contra o que levantar o machado faminto?
De que matéria desapossar, fugir de que raio?
Sua luz feita apenas de longitude e tremor
arrasta-se como cauda de vestido de noiva triste
enfeitada de sonho mortal e palidez.
Pois tudo aquilo que a sombra tocou e ambicionou a
 desordem
gravita, líquido, suspenso, desprovido de paz,
indefeso entre espaços, vencido de morte.
Ai, e é o destino de um dia que foi esperado,
para o qual corriam cartas, embarcações, negócios,

morir, sedentario y húmedo sin su propio cielo.
Dónde está su toldo de olor, su profundo follaje,
su rápido celaje de brasa, su respiración viva?
Inmóvil, vestido de un fulgor moribundo y una escama
        opaca,
verá partir la lluvia sus mitades
y al viento nutrido de aguas atacarlas.

morrer, sedentário e úmido, sem o seu próprio céu.
Aonde anda o seu toldo de aroma, a sua profunda
 folhagem,
a sua rápida celagem de brasa, a sua respiração viva?
Imóvel, vestido dum fulgor moribundo e uma escama
 opaca,
verá partir a chuva as suas metades
e o vento nutrido de águas atacá-las.

# ARTE POÉTICA

*Entre sombra y espacio, entre guarniciones y doncellas*
*dotado de corazón singular y sueños funestos,*
*precipitadamente pálido, marchito en la frente*
*y con luto de viudo furioso por cada día de vida,*
*ay, para cada agua invisible que bebo soñolientamente*
*y de todo sonido que acojo temblando,*
*tengo la misma sed ausente y la misma fiebre fría,*
*un oído que nace, una angustia indirecta,*
*como si llegaran ladrones o fantasmas,*
*y en una cáscara de extensión fija y profunda,*
*como un camarero humillado, como una campana un*
*poco ronca*
*como un espejo viejo, como un olor de casa sola*
*en la que los huéspedes entran de noche perdidamente*
*ebrios,*
*y hay un olor de ropa tirada al suelo, y una ausencia de flor*
*— posiblemente de otro modo aún menos melancólico —,*
*pero, la verdad, de pronto, el viento que azota mi pecho,*
*las noches de substancia infinita caídas en mi*
*dormitorio,*
*el ruido de un día que arde con sacrificio*
*me piden lo profético que hay en mí, con melancolía,*
*y un golpe de objetos que llaman sin ser respondidos*
*hay, y un movimiento sin tregua, y un nombre*
*confuso.*

# ARTE POÉTICA

*Entre sombra e espaço, entre guarnições e donzelas*
*dotado de coração singular e sonhos funestos,*
*precipitadamente pálido, emurchecido de cara*
*e com luto de viúvo furioso por todo dia de vida,*
*ai, para cada água invisível que bebo sonolentamente*
*e de todo som que acolho tremendo,*
*tenho a mesma sede ausente e a mesma febre fria,*
*um ouvido que nasce, uma angústia indireta,*
*como se chegassem ladrões ou fantasmas,*
*e numa casca de extensão fixa e profunda,*
*como um camareiro humilhado, como um sino um*
     *pouco rouco,*
*como um espelho velho, como um odor de casa*
     *abandonada*
*na qual os moradores chegam à noite perdidamente*
     *embriagados,*
*e há um cheiro de roupa atirada ao chão, e uma ausência*
     *de flores*
*– possivelmente de outro modo ainda menos melancólico –,*
*porém, na verdade, de súbito, o vento que açoita o meu*
     *peito,*
*as noites de substância infinita caídas no meu quarto,*
*o ruído de um dia que arde com sacrifício*
*me pedem o profético que existe em mim, com melancolia,*
*e uma pancada de objetos que chamam sem ser*
     *respondidos*
*existe, e um movimento sem trégua, e um nome confuso.*

# SISTEMA SOMBRÍO

De cada uno de estos días negros como viejos hierros,
y abiertos por el sol como grandes bueyes rojos,
y apenas sostenidos por el aire y por los sueños,
y desaparecidos irremediablemente y de pronto,
nada ha substituido mis perturbados orígenes,
y las desiguales medidas que circulan en mi corazón
allí se fraguan de día y de noche, solitariamente,
y abarcan desordenadas y tristes cantidades.

Así, pues, como un vigía tornado insensible y ciego,
incrédulo y condenado a un doloroso acecho,
frente a la pared en que cada día del tiempo se une,
mis rostros diferentes se arriman y encadenan
como grandes flores pálidas y pesadas
tenazmente substituidas y difuntas.

# SISTEMA SOMBRIO

De cada um destes dias negros como velhos ferros,
e abertos pelo sol como grandes bois vermelhos,
e apenas sustidos pelo ar e pelos sonhos,
e desaparecidos irremediavelmente e de súbito,
nada substituiu as minhas perturbadas origens,
e as desiguais medidas que circulam no meu coração
aí se forjam de dia e de noite, solitariamente,
e abarcam desordenadas e tristes quantidades.

Assim, pois, como um vigia tornado insensível e cego,
incrédulo e condenado a uma dolorosa espreita,
diante da parede na qual cada dia do tempo se une,
os meus rostos diferentes se apoiam e se encadeiam
como grandes flores pálidas e pesadas
tenazmente substituídas e defuntas.

# ÁNGELA ADÓNICA

Hoy me he tendido junto a una joven pura
como a la orilla de un océano blanco,
como en el centro de una ardiente estrella
    de lento espacio.

De su mirada largamente verde
la luz caía como un agua seca,
en transparentes y profundos círculos
    de fresca fuerza.

Su pecho como un fuego de dos llamas
ardía en dos regiones levantado,
y en doble río llegaba a sus pies,
    grandes y claros.

Un clima de oro maduraba apenas
las diurnas longitudes de su cuerpo
llenándolo de frutas extendidas
    y oculto fuego.

# ÂNGELA ADÔNICA

Hoje me estendi junto a uma jovem pura
como à beira dum oceano branco,
como no centro duma ardente estrela
      de lento espaço.

Do seu olhar compridamente verde
caía a luz qual uma água seca,
em transparentes e profundos círculos
      de fresca força.

Seu peito como um fogo de dois lumes
em duas regiões ardia erguido,
e num duplo rio chegava a seus pés,
      grandes e claros.

Um clima de ouro madurava apenas
a diurnas longitudes do seu corpo
enchendo-o de frutas derramadas
      e oculto fogo.

# SONATA Y DESTRUCCIONES

Después de mucho, después de vagas leguas,
confuso de dominios, incierto de territorios,
acompañado de pobres esperanzas
y compañías infieles y desconfiados sueños,
amo lo tenaz que aún sobrevive en mis ojos,
oigo en mi corazón mis pasos de jinete,
muerdo el fuego dormido y la sal arruinada,
y de noche, de atmósfera oscura y luto prófugo,
aquel que vela a la orilla de los campamentos,
el viajero armado de estériles resistencias,
detenido entre sombras que crecen y alas que tiemblan,
me siento ser, y mi brazo de piedra me defiende.

Hay entre ciencias de llanto un altar confuso,
y en mi sesión de atardeceres sin perfume,
en mis abandonados dormitorios donde habita la luna,
y arañas de mi propiedad, y destrucciones que me son
        queridas
adoro mi propio ser perdido, mi substancia
        imperfecta,
mi golpe de plata y mi pérdida eterna.
Ardió la uva húmeda, y su agua funeral
aún vacila, aún reside,
y el patrimonio estéril, y el domicilio traidor.
Quién hizo ceremonia de cenizas?
Quién amó lo perdido, quién protegió lo último?
El hueso del padre, la madera del buque muerto,

# SONATA E DESTRUIÇÕES

Depois de muito, depois de vagas léguas,
confuso de domínios, incerto de territórios,
acompanhado de pobres esperanças
e companhias infiéis e desconfiados sonhos,
amo o tenaz que ainda sobrevive nos meus olhos,
ouço no meu coração os meus passos de ginete,
mordo o fogo adormecido e o sal arruinado,
e de noite, de atmosfera escura e luto fugitivo,
aquele que vela na orla dos acampamentos,
o viajor armado de estéreis resistências,
detido entre sombras que crescem e asas que tremem,
me sinto ser, e meu braço de pedra me defende.

Há entre ciências de pranto um altar confuso,
e na minha sessão de entardeceres sem perfume,
nos meus abandonados dormitórios onde mora a lua,
e aranhas de minha propriedade, e destruições que me
    são queridas
adoro o meu próprio ser perdido, minha substância
    imperfeita,
meu golpe de prata e minha perda eterna.
Ardeu a uva úmida, e a sua água funerária
ainda vacila, ainda reside,
e o patrimônio estéril, e o domicílio traidor.
Quem fez cerimônia de cinzas?
Quem amou o perdido, quem protegeu o último?
O osso do pai, a madeira do barco morto,

y su propio final, su misma huida,
su fuerza triste, su dios miserable?

Acecho, pues, lo inanimado y lo doliente,
y el testimonio extraño que sostengo,
con eficiencia cruel y escrito en cenizas,
es la forma de olvido que prefiero,
el nombre que doy a la tierra, el valor de mis sueños,
la cantidad interminable que divido
con mis ojos de invierno, durante cada día de este
        mundo.

e o seu próprio final, a sua mesma fuga,
a sua força triste, o seu deus miserável?

Espreito, assim, o inanimado e o dolente,
e o testemunho estranho que sustento,
com eficiência cruel e escrito em cinzas,
é a forma de esquecimento que prefiro,
o nome que dou à terra, o valor dos meus sonhos,
a quantidade interminável que divido
com os meus olhos de inverno, durante cada dia deste
       mundo.

II

# LA NOCHE DEL SOLDADO

Yo HAGO la noche del soldado, el tiempo del hombre sin melancolía ni exterminio, del tipo tirado lejos por el océano y una ola, y que no sabe que el agua amarga lo ha separado y que envejece, paulatinamente y sin miedo, dedicado a lo normal de la vida, sin cataclismos, sin ausencias, viviendo dentro de su piel y de su traje, sinceramente oscuro. Así, pues, me veo con camaradas estúpidos y alegres, que fuman y escupen y horrendamente beben, y que de repente caen, enfermos de muerte. Porque, dónde están la tía, la novia, la suegra, la cuñada del soldado? Talvez de ostracismo o de malaria mueren, se ponen fríos, amarillos, y emigran a un astro de hielo, a un planeta fresco, a descansar, al fin, entre muchachas y frutas glaciales, y sus cadáveres, sus pobres cadáveres de fuego, irán custodiados por ángeles alabastrinos a dormir lejos de la llama y la ceniza.

    Por cada día que cae, con su obligación vesperal de sucumbir, paseo, haciendo una guardia innecesaria, y paso entre mercaderes mahometanos, entre gentes que adoran la vaca y la cobra, paso yo, inadorable y común de rostro. Los meses no son inalterables, y a veces llueve: cae del calor del cielo una impregnación callada como el sudor, y sobre los grandes vegetales, sobre el lomo de las bestias feroces, a lo largo de cierto silencio, estas plumas húmedas se entretejen y alargan. Aguas de la noche, lágrimas del viento Monzón, saliva salada caída como la espuma del caballo, y lenta de aumento, pobre de salpicadura, atónita de vuelo.

# A NOITE DO SOLDADO

Eu faço a noite do soldado, o tempo do homem sem melancolia nem extermínio, do tipo lançado longe pelo oceano e uma onda, e que não sabe que a água amarga o separou e que envelhece, paulatinamente e sem medo, dedicado ao normal da vida, sem cataclismos, sem ausências, vivendo dentro da sua pele e da sua roupa, sinceramente obscuro. Desse modo, me vejo com camaradas estúpidos e alegres, que fumam e cospem e horrendamente bebem, e que de repente caem, doentes de morte. Por que, onde estão a tia, a noiva, a sogra, a cunhada do soldado? Talvez de ostracismo e de malária morrem, ficam frios, amarelos, e emigram para um astro de gelo, para um planeta fresco, para descansar, enfim, entre moças e frutas glaciais, e os seus cadáveres, seus pobres cadáveres de fogo, custodiados por anjos alabastrinos, irão dormir longe da chama e da cinza.

Em cada dia que cai, com a sua obrigação vesperal de sucumbir, eu passeio, fazendo uma guarda desnecessária, e passo entre mercadores maometanos, entre gente que adora a vaca e a cobra, passo eu, inadorável e comum de rosto. Os meses não são inalteráveis e às vezes chove: cai do calor do céu uma impregnação calada como o suor, e sobre os grandes vegetais, sobre o lombo dos bichos ferozes, ao longo de certo silêncio, estas plumas úmidas se entretecem e alongam. Águas da noite, lágrimas do vento Monção, saliva salgada caída como a espuma do cavalo, e lenta de aumento, pobre de salpicadura, atônita de voo.

Ahora, dónde está esa curiosidad profesional, esa ternura abatida que sólo con su reposo abría brecha, esa conciencia resplandeciente cuyo destello me vestía de ultra-azul? Voy respirando como hijo hasta el corazón de un método obligatorio, de una tenaz paciencia física, resultado de alimentos y edad acumulados cada día, despojado de mi vestuario de venganza y de mi piel de oro. Horas de una sola estación ruedan a mis pies, y un día de formas diurnas y nocturnas está casi siempre detenido sobre mí.

Entonces, de cuando en cuando, visito muchachas de ojos y caderas jóvenes, seres en cuyo peinado brilla una flor amarilla como el relámpago. Ellas llevan anillos en cada dedo del pie, y brazaletes, y ajorcas en los tobillos, y además, collares de color, collares que retiro y examino, porque yo quiero sorprenderme ante un cuerpo ininterrumpido y compacto, y no mitigar mi beso. Yo peso con mis brazos cada nueva estatua, y bebo su remedio vivo con sed masculina y en silencio. Tendido, mirando desde abajo la fugitiva criatura, trepando por su ser desnudo hasta su sonrisa: gigantesca y triangular hacia arriba, levantada en el aire por dos senos globales, fijos ante mis ojos como dos lámparas con luz de aceite blanco y dulces energías. Yo me encomiendo a su estrella morena, a su calidez de piel, e inmóvil bajo mi pecho como un adversario desgraciado, de miembros demasiado espesos y débiles, de ondulación indefensa: o bien girando sobre sí misma como una rueda pálida, dividida de aspas y dedos, rápida, profunda, circular, como una estrella en desorden.

Sendo assim, onde está essa curiosidade profissional, essa ternura abatida que só com o repouso abria brecha, essa consciência resplandecente cujo clarão me vestia de ultra-azul? Vou respirando como filho até o coração dum método obrigatório, duma tenaz paciência física, resultado de alimentos e idade acumulados cada dia, despojado do meu vestuário de vingança e da minha pele de ouro. Horas de uma só estação rolam a meus pés, e um dia de formas diurnas e noturnas está quase sempre detido sobre mim.

Então, de quando em quando, visito moças de olhos e quadris jovens, seres em cujo penteado brilha uma flor amarela como o relâmpago. Usam anéis em cada dedo do pé, e braceletes, e argolas nos tornozelos, e mais, colares de cor, colares que retiro e examino, pois quero surpreender-me ante um corpo ininterrupto e compacto, e não mitigar o meu beijo. Peso com o meu braço cada nova estátua, e bebo o seu remédio vivo com uma sede masculina e em silêncio. Estendido, olhando de baixo a fugitiva criatura, subindo por seu ser despido até o seu sorriso: gigantesca e triangular para cima, erguido no ar por dois seios globais, fixos diante dos meus olhos como duas lâmpadas com luz de azeite branco e doces energias. Me encomendo à sua estrela morena, à sua calidez de pele, e imóvel sob o meu peito como um adversário desgraçado, de membros demasiado espessos e fracos, de ondulação indefesa: ou então girando sobre si mesma como uma roda pálida, dividida de aspas e dedos, rápida, profunda, circular, qual uma estrela em desordem.

Ay, de cada noche que sucede, hay algo de brasa abandonada que se gasta sola, y cae envuelta en ruinas, en medio de cosas funerales. Yo asisto comúnmente a esos términos, cubierto de armas inútiles, lleno de objeciones destruidas. Guardo la ropa y los huesos levemente impregnados de esa materia seminocturna: es un polvo temporal que se me va uniendo, y el dios de la substitución vela a veces a mi lado, respirando tenazmente, levantando la espada.

De cada noite que se segue, ai, há algo de brasa abandonada que se gasta sozinha, e cai envolta em ruínas, no meio de coisas funerárias. Assisto comumente a esses remates, coberto de armas inúteis, cheio de objeções destruídas. Conservo a roupa e os ossos levemente impregnados dessa matéria seminoturna: é um pó temporal que se me vai agarrando, e o deus da substituição vela às vezes ao meu lado, respirando tenazmente, levantando a espada.

# COMUNICACIONES DESMENTIDAS

Aquellos días extraviaron mi sentido profético, a mi casa entraban los coleccionistas de sellos, y emboscados, a altas horas de la estación, asaltaban mis cartas, arrancaban de ellas besos frescos, besos sometidos a una larga residencia marina, y conjuros que protegían mi suerte con ciencia femenina y defensiva caligrafía.

Vivía al lado de otras casas, otras personas y árboles tendiendo a lo grandioso, pabellones de follaje pasional, raíces emergidas, palas vegetales, cocoteros directos, y, en medio de estas espumas verdes, pasaba con mi sombrero puntiagudo y un corazón por completo novelesco, con tranco pesado de esplendor, porque a medida que mis poderes se roían, y destruidos en polvo buscaban simetría como los muertos en los cementerios, los lugares conocidos, las extensiones hasta esa hora despreciadas y los rostros que como plantas lentas brotaban en mi abandono, variaban a mi alrededor con terror y sigilo, como cantidades de hojas que un otoño súbito trastorna.

Loros, estrellas, y además el sol oficial y una brusca humedad hicieron nacer en mí un gusto ensimismado por la tierra y cuanta cosa la cubría, y una satisfacción de casa vieja por sus murciélagos, una delicadeza de mujer desnuda por sus uñas, dispusieron en mí como de armas débiles y tenaces de mis facultades vergonzosas, y la melancolía puso su estría en mi tejido, y la carta de amor, pálida de papel y temor, sustrajo su araña trémula

# COMUNICAÇÕES DESMENTIDAS

Aqueles dias extraviaram o meu sentido profético, na minha casa entravam os colecionadores de selos, e emboscados, a altas horas da estação, assaltavam as minhas cartas, delas arrancavam beijos frescos, beijos submetidos a uma longa residência marinha, e esconjuros que protegiam a minha sorte com ciência feminina e defensiva caligrafia.

Vivia ao lado de outras casas, outras pessoas e árvores tendendo ao grandioso, pavilhões de folhagem passional, raízes emergidas, pás vegetais, coqueiros diretos, e, no meio destas espumas verdes, passava com o meu chapéu pontiagudo e um coração por completo novelesco, com uma passada pesada de esplendor, pois à medida que os meus poderes se roíam, e reduzidos a pó buscavam uma simetria como os mortos nos cemitérios, os lugares conhecidos, as extensões até então desprezadas e os rostos que como plantas lentas brotavam no meu abandono, variavam em torno de mim com terror e sigilo, como quantidades de folhas que um outono súbito transtorna.

Papagaios, estrelas, e o sol oficial além disso e uma brusca umidade fizeram nascer em mim um gosto ensimesmado pela terra e quanta coisa a cobria, e uma satisfação de casa velha por seus morcegos, uma delicadeza de mulher nua por suas unhas, dispuseram em mim como de armas fracas e tenazes das minhas faculdades vergonhosas, e a melancolia pôs a sua estria

que apenas teje y sin cesar desteje y teje. Naturalmente, de la luz lunar, de su circunstancial prolongación, y más aún, de su eje frío, que los pájaros (golondrinas, ocas) no pueden pisar ni en los delirios de la emigración, de su piel azul, lisa, delgada y sin alhajas, caí hacia el duelo, como quien cae herido de arma blanca. Yo soy sujeto de sangre especial, y esa substancia a la vez nocturna y marítima me hacía alterar y padecer, y esas aguas subcelestes degradaban mi energía y lo comercial de mi disposición.

De ese modo histórico mis huesos adquirieron gran preponderancia en mis intenciones: el reposo, las mansiones a la orilla del mar me atraían sin seguridad pero con destino, y una vez llegado al recinto, rodeado del coro mudo y más inmóvil, sometido a la hora postrera y sus perfumes, injusto con las geografías inexactas y partidario mortal del sillón de cemento, aguardo el tiempo militarmente, y con el florete de la aventura manchado de sangre olvidada.

no meu tecido, e a carta de amor, pálida de papel e temor, subtraiu a sua aranha trêmula que apenas tece e incessante destece e tece. Naturalmente, da luz lunar, do seu circunstancial prolongamento, e ainda mais, do seu eixo frio, que os pássaros (andorinhas, gansos) não podem pisar nem nos delírios da emigração, da sua pele azul, lisa, fina e sem jóias, tombei na aflição, como quem tomba ferido por arma branca. Sou um sujeito de sangue especial, e essa substância ao mesmo tempo noturna e marítima me fazia alterar e padecer, e essas águas subcelestes degradavam a minha energia e o comercial da minha disposição.

Desse modo histórico os meus ossos adquiriram grande preponderância nas minhas intenções: o repouso, as mansões à beira-mar me atraíam sem segurança mas com um destino, e uma vez chegado ao recinto, cercado pelo coro mudo e mais imóvel, submetido à hora derradeira e a seus perfumes, injusto com as geografias inexatas e partidário mortal da poltrona de cimento, aguardo o tempo militarmente, com o florete da aventura manchado de sangue esquecido.

# EL DESHABITADO

Estación invencible! En los lados del cielo un pálido cierzo se acumulaba, un aire desteñido e invasor, y hacia todo lo que los ojos abarcaban, como una espesa leche, como una cortina endurecida existía, continuamente. De modo que el ser se sentía aislado, sometido a esa extraña substancia, rodeado de un cielo próximo, con el mástil quebrado frente a un litoral blanquecino, abandonado de lo sólido, frente a un transcurso impenetrable y en una casa de niebla. Condenación y horror! De haber estado herido y abandonado, o haber escogido las arañas, el luto y la sotana. De haberse emboscado, fuertemente ahíto de este mundo, y de haber conversado sobre esfinges y oros y fatídicos destinos. De haber amarrado la ceniza al traje cotidiano, y haber besado el origen terrestre con su sabor a olvido. Pero no. No.

Materias frías de la lluvia que caen sombríamente, pesares sin resurrección, olvido. En mi alcoba sin retratos, en mi traje sin luz, cuánta cabida eternamente permanece, y el lento rayo recto del día cómo se condensa hasta llegar a ser una sola gota oscura.

Movimientos tenaces, senderos verticales a cuya flor final a veces se asciende, compañías suaves o brutales, puertas ausentes! Como cada día un pan letárgico, bebo de una agua aislada!

Aúlla el cerrajero, trota el caballo, el caballejo empapado en lluvia, y el cochero de largo látigo

# O DESABITADO

Estação invencível! Nos lados do céu um pálido aquilão se acumulava, um ar desbotado e invasor, e na direção de tudo o que os olhos abarcavam, como um leite espesso, como um cortinado endurecido existia, continuamente. De modo que o ser se sentia isolado, submetido a essa estranha substância, cercado de um céu próximo, com o mastro partido diante dum litoral alvacento, abandonado pelo sólido, diante dum transcurso impenetrável numa casa de névoa. Condenação e horror! De haver estado ferido e abandonado, ou haver recolhido as aranhas, o luto e a sotaina. De haver-se emboscado, fortemente enfastiado deste mundo, e de haver conversado sobre esfinges e ouros e fatídicos destinos. De haver amarrado a cinza à roupa cotidiana, e haver beijado a origem terrestre com o seu sabor a esquecimento. Mas não. Não.

Matérias frias da chuva que caem sombriamente, pesares sem ressurreição, olvido. Na minha alcova sem retrato, na minha roupa sem luz, quanto espaço eternamente permanece, e o lento raio reto do dia como se condensa até chegar a ser uma só gota escura.

Movimentos tenazes, veredas verticais, a cuja flor final às vezes se ascende, companhias suaves ou brutais, portas ausentes! Como cada dia um pão letárgico, bebo de uma água segregada!

Uiva o serralheiro, trota o cavalo, o cavaleiro empapado de chuva, e o cocheiro de comprido chicote

tose, el condenado! Lo demás, hasta muy largas distancias, permanece inmóvil, cubierto por el mes de junio, y sus vegetaciones mojadas, sus animales callados, se unen como olas. Sí, qué mar de invierno, qué dominio sumergido trata de sobrevivir, y, aparentemente muerto, cruza de largos velámenes mortuorios esta densa superficie?

A menudo, de atardecer acaecido, arrimo la luz a la ventana, y me miro, sostenido por maderas miserables, tendido en la humedad como un ataúd envejecido, entre paredes bruscamente débiles. Sueño, de una ausencia a otra, y a otra distancia, recibido y amargo.

tosse, o condenado! O demais, até bem longas distâncias, permanece imóvel, coberto pelo mês de junho, e as suas vegetações molhadas, os seus animais calados, unem-se como ondas. Sim, que mar de inverno, que domínio submerso trata de sobreviver, e, aparentemente morto, cruza de longos velames mortuários esta densa superfície?

Com frequência, de entardecer acontecido, encosto a luz à janela, e me espio, sustentado por madeiras miseráveis, estendido na umidade como um ataúde envelhecido, entre paredes bruscamente fracas. Sonho, de uma ausência a outra, e a uma outra distância, recebido e amargo.

# EL JOVEN MONARCA

Como continuación de lo leído y precedente de la página que sigue debo encaminar mi estrella al territorio amoroso.

Patria limitada por dos largos brazos cálidos, de larga pasión paralela, y un sitio de oros defendidos por sistema y matemática ciencia guerrera. Sí, quiero casarme con la más bella de Mandalay, quiero encomendar mi envoltura terrestre a ese ruido de la mujer cocinando, a ese aleteo de falda y pie desnudo que se mueven y mezclan como viento y hojas.

Amor de niña de pie pequeño y gran cigarro, flores de ámbar en el puro y cilíndrico peinado, y de andar en peligro, como un lirio de pesada cabeza, de gruesa consistencia.

Y mi esposa a mi orilla, al lado de mi rumor tan venido de lejos, mi esposa birmana, hija del rey.

Su enrollado cabello negro entonces beso, y su pie dulce y perpetuo: y acercada ya la noche, desencadenado su molino, escucho a mi tigre y lloro a mi ausente.

# O JOVEM MONARCA

Como continuação do lido e precedente da página que se segue, devo encaminhar a minha estrela ao território amoroso.

Pátria limitada por dois longos braços cálidos, de longa paixão paralela, e um lugar de ouros defendidos por sistema e matemática ciência guerreira. Sim, quero casar-me com a mais bela de Mandalay, quero encomendar a minha envoltura terrestre a esse barulho da mulher cozinhando, a esse esvoaçar de saia e pé descalço que se mexem e misturam como o vento e as folhas.

Amor de menina de pés pequenos e grande charuto, flores de âmbar no puro e cilíndrico penteado, e de andar em perigo, como um lírio de pesada cabeça, de grossa consistência.

E minha esposa à beira de mim, ao lado do meu rumor tão chegado de longe, a minha esposa birmane, filha do rei.

A sua encaracolada cabeleira beijo então, e o seu pé doce e perpétuo: e a noite, já perto, desencadeado o seu moinho, escuto o meu tigre e choro a minha ausente.

# ESTABLECIMIENTOS NOCTURNOS

Difícilmente llamo a la realidad, como el perro, y también aúllo. Cómo amaría establecer el diálogo del hidalgo y el barquero, pintar la jirafa, describir los acordeones, celebrar mi musa desnuda y enroscada a mi cintura de asalto y resistencia. Así es mi cintura, mi cuerpo en general, una lucha despierta y larga, y mis riñones escuchan.

Oh Dios, cuántas ranas habituadas a la noche, silbando y roncando con gargantas de seres humanos a los cuarenta años, y qué angosta y sideral es la curva que hasta lo más lejos me rodea! Llorarían en mi caso los cantores italianos, los doctores de astronomía ceñidos por esta alba negra, definidos hasta el corazón por esta aguda espada.

Y luego esa condensación, esa unidad de elementos de la noche, esa suposición, puesta detrás de cada cosa, y ese frío tan claramente sostenido por estrellas.

Execración para tanto muerto que no mira, para tanto herido de alcohol o infelicidad, y loor al nochero, al inteligente que soy yo, sobreviviente adorador de los cielos.

# ESTABELECIMENTOS NOTURNOS

Dificilmente apelo à realidade, como o cão, e também uivo. Como eu amaria estabelecer o diálogo do fidalgo com o barqueiro, pintar a girafa, descrever os acordeões, celebrar a minha musa nua e enroscada à minha cintura de assalto e resistência. Assim é a minha cintura, o meu corpo em geral, uma luta desperta e longa, e os meus rins escutam.

Oh Deus, quantas rãs habituadas à noite, assoviando e roncando com gargantas de seres humanos aos quarenta anos, e como estreita e sideral é a curva que até o mais distante me cerca! Chorariam no meu caso os cantores italianos, os doutores em astronomia cingidos por esta alba negra, definidos até o coração por esta aguda espada.

E breve essa condensação, essa umidade de elementos da noite, essa suposição, colocada atrás de cada coisa, e esse frio tão claramente mantido por estrelas.

Execração para tanto morto que não olha, para tanto ferido de álcool ou infelicidade, e louvor para o vigia noturno, para o inteligente que sou eu, sobrevivente adorador dos céus.

# ENTIERRO EN EL ESTE

Yo TRABAJO de noche, rodeado de ciudad,
de pescadores, de alfareros, de difuntos quemados
con azafrán y frutas, envueltos en muselina escarlata:
bajo mi balcón esos muertos terribles
pasan sonando cadenas y flautas de cobre,
estridentes y finas y lúgubres silban
entre el color de las pesadas flores envenenadas
y el grito de los cenicientos danzarines
y el creciente monótono de los tamtam
y el humo de las maderas que arden y huelen.

Porque una vez doblado el camino, junto al turbio río,
sus corazones, detenidos o iniciando un mayor
            movimiento,
rodarán quemados, con la pierna y el pie hechos fuego,
y la trémula ceniza caerá sobre el agua,
flotará como ramo de flores calcinadas
o como extinto fuego dejado por tan poderosos viajeros
que hicieron arder algo sobre las negras aguas,
            y devoraron
un aliento desaparecido y un licor extremo.

# ENTERRO NO LESTE

Eu trabalho de noite, cercado de cidade,
de pescadores, de oleiros, de defuntos queimados
com açafrão e frutas, envoltos em musselina escarlate:
sob a sacada esses mortos terríveis
passam a ressoar correntes e flautas de cobre,
estridentes e finas e lúgubres sibilam
entre a cor das pesadas flores envenenadas
e o grito dos cinzentos dançarinos
e o crescendo monótono dos tantãs
e a fumaça das madeiras que ardem e cheiram.

Porque, uma vez dobrado o caminho, junto ao turvo rio,
os seus corações, detidos ou a iniciar um maior
        movimento,
rolarão queimados, com a perna e o pé em fogo,
e a trêmula cinza tombará sobre as águas,
flutuará como um ramo de flores calcinadas
ou como extinto fogo deixado por tão poderosos viajantes
que fizeram arder algo sobre as negras águas,
        e devoraram
um alento desaparecido e um licor extremo.

III

# CABALLERO SOLO

Los jóvenes homosexuales y las muchachas amorosas,
y las largas viudas que sufren el delirante insomnio,
y las jóvenes señoras preñadas hace treinta horas,
y los roncos gatos que cruzan mi jardín en tinieblas,
como un collar de palpitantes ostras sexuales
rodean mi residencia solitaria,
como enemigos establecidos contra mi alma,
como conspiradores en traje de dormitorio
que cambiaran largos besos espesos por consigna.

El radiante verano conduce a los enamorados
en uniformes regimientos melancólicos,
hechos de gordas y flacas y alegres y tristes parejas:
bajo los elegantes cocoteros, junto al océano y la luna,
hay una continua vida de pantalones y polleras,
un rumor de medias de seda acariciadas,
y senos femeninos que brillan como ojos.

El pequeño empleado, después de mucho,
después del tedio semanal, y las novelas leídas de noche
        en cama,
ha definitivamente seducido a su vecina,
y la lleva a los miserables cinematógrafos
donde los héroes son potros o príncipes apasionados,
y acaricia sus piernas llenas de dulce vello
con sus ardientes y húmedas manos que huelen a
        cigarrillo.

# CAVALEIRO SÓ

Os jovens homossexuais e as raparigas amorosas,
e as longas viúvas que sofrem a delirante insônia,
e as jovens senhoras prenhadas faz trinta horas,
e os roucos gatos que cruzam pelo meu jardim em trevas,
como um colar de palpitantes ostras sexuais
cercam a minha residência solitária,
como inimigos estabelecidos contra a minha alma,
como conspiradores em roupas de dormir
que trocaram longos beijos espessos por instruções.

O radiante verão conduz os namorados
em uniformes regimentos melancólicos,
feitos de gordos e magros e alegres e tristes casais:
sob os elegantes coqueiros, junto ao oceano e à lua,
há uma incessante vida de calças e saias,
um rumor de meias de seda acariciadas,
e peitos femininos que brilham como olhos.

O pequeno empregado, depois de muito,
depois do tédio semanal, e dos romances lidos de noite
      na cama,
seduziu definitivamente a sua vizinha,
e a leva aos miseráveis cinemas
onde os heróis são potros ou príncipes apaixonados,
e acaricia as suas pernas cheias de doce pelo
com ardentes e úmidas mãos que cheiram a cigarro.

Los atardeceres del seductor y las noches de los esposos
se unen como dos sábanas sepultándome,
y las horas después del almuerzo en que los jóvenes
        estudiantes
y las jóvenes estudiantes, y los sacerdotes se masturban,
y los animales fornican directamente,
y las abejas huelen a sangre, y las moscas zumban
        coléricas,
y los primos juegan extrañamente con sus primas,
y los médicos miran con furia al marido de la joven
        paciente,
y las horas de la mañana en que el profesor, como por
        descuido,
cumple con su deber conyugal y desayuna,
y más aún, los adúlteros, que se aman con verdadero
        amor
sobre lechos altos y largos como embarcaciones:
seguramente, eternamente me rodea
este gran bosque respiratorio y enredado
con grandes flores como bocas y dentaduras
y negras raíces en forma de uñas y zapatos.

Os entardeceres do sedutor e as noites dos esposos
se unem como dois lençóis me sepultando,
e as horas depois do almoço em que os jovens
    estudantes
e as jovens estudantes, e os sacerdotes se masturbam,
e os animais fornicam diretamente,
e as abelhas cheiram a sangue, e as moscas zumbem
    coléricas,
os primos brincam estranhamente com as primas,
e os médicos olham furiosos o marido da jovem
    paciente,
e as horas matinais em que o professor, como por
    descuido,
cumpre com o seu dever conjugal e toma o café,
e ainda mais, os adúlteros que se amam com verdadeiro
    amor
sobre camas altas e compridas como embarcações:
certamente, eternamente me cerca
este grande bosque respiratório e enredado
de grandes flores como bocas e dentaduras
e negras raízes com forma de unhas e sapatos.

# RITUAL DE MIS PIERNAS

Largamente he permanecido mirando mis largas piernas,
con ternura infinita y curiosa, con mi acostumbrada
 pasión,
como si hubieran sido las piernas de una mujer divina
profundamente sumida en el abismo de mi tórax:
y es que, la verdad, cuando el tiempo, el tiempo pasa,
sobre la tierra, sobre el techo, sobre mi impura cabeza,
y pasa, el tiempo pasa, y en mi lecho no siento de noche
 que una mujer está respirando, durmiendo
 desnuda y a mi lado,
entonces, extrañas, oscuras cosas toman el lugar de la
 ausente,
viciosos, melancólicos pensamientos
siembran pesadas posibilidades en mi dormitorio,
y así, pues, miro mis piernas como si pertenecieran a
 otro cuerpo,
y fuerte y dulcemente estuvieran pegadas a mis
 entrañas.

Como tallos o femeninas, adorables cosas,
desde las rodillas suben, cilíndricas y espesas,
con turbado y compacto material de existencia:
como brutales, gruesos brazos de diosa,
como árboles monstruosamente vestidos de seres
 humanos,
como fatales, inmensos labios sedientos y tranquilos,
son allí la mejor parte de mi cuerpo:
lo enteramente substancial, sin complicado contenido

# RITUAL DAS MINHAS PERNAS

Longamente fiquei a olhar as minhas longas pernas,
com uma ternura infinita e curiosa, com a minha
    costumeira paixão,
como se tivessem sido as pernas de uma mulher divina
profundamente afundada no abismo do meu tórax:
pois, na verdade, quando o tempo, o tempo passa,
sobre a terra, sobre o teto, sobre a minha impura cabeça,
pois passa, o tempo passa, e na minha cama não sinto à
    noite que uma mulher está respirando,
    dormindo nua a meu lado,
aí, estranhas, obscuras coisas ocupam o lugar
    da ausente,
viciosos, melancólicos pensamentos
semeiam pesadas possibilidades no meu quarto,
e olho assim as minhas pernas como se fossem
    de outro corpo
e forte e docemente estivessem agarradas a minhas
    entranhas.

Como talos ou femininas, adoráveis coisas,
sobem dos joelhos, cilíndricas e espessas,
com turvo e compacto material de existência:
como brutais, gordos braços de deusa,
ou árvores monstruosamente vestidas de seres
    humanos,
como fatais, imensos lábios sedentos e tranquilos,
são aí a melhor parte do meu corpo:
o inteiramente substancial, sem complicado conteúdo

de sentidos o tráqueas o intestinos o ganglios:
nada, sino lo puro, lo dulce y espeso de mi propia vida,
nada, sino la forma y el volumen existiendo,
guardando la vida, sin embargo, de una manera
    completa.

Las gentes cruzan el mundo en la actualidad
sin apenas recordar que poseen un cuerpo y en él la
    vida,
y hay miedo, hay miedo en el mundo de las palabras que
    designan el cuerpo,
y se habla favorablemente de la ropa,
de pantalones es posible hablar, de trajes,
y de ropa interior de mujer (de medias y ligas de
    "señora"),
como si por las calles fueran las prendas y los trajes
    vacíos por completo
y un oscuro y obsceno guardasrropas ocupara el mundo.

Tienen existencia los trajes, color, forma, designio,
y profundo lugar en nuestros mitos, demasiado lugar,
demasiados muebles y demasiadas habitaciones hay en
    el mundo,
y mi cuerpo vive entre y bajo tantas cosas abatido,
con un pensamiento fijo de esclavitud y de cadenas.

Bueno, mis rodillas, como nudos,
particulares, funcionarios, evidentes,
separan las mitades de mis piernas en forma seca:
y en realidad dos mundos diferentes, dos sexos diferentes
no son tan diferentes como las dos mitades de mis
    piernas.

de sentidos ou traqueias ou intestinos ou gânglios:
nada mais que o puro, o doce e o espesso da minha
 própria vida,
nada mais que a forma e o volume existindo,
guardando a vida, no entanto, de maneira completa.

As pessoas passam pelo mundo atualmente
sem se lembrar sequer que possuem um corpo e nele a
 vida,
e tem-se medo, tem-se medo neste mundo das palavras
 que designam o corpo,
e fala-se favoravelmente da roupa,
de calças se pode falar, de ternos,
e de roupa íntima de mulher (de meias e ligas de
 "senhora"),
como se pelas ruas fossem os enfeites e as roupas vazios
 por completo
e um escuro e obsceno guarda-roupas ocupasse o mundo.

Têm existência as roupas, cor, forma, destino,
e profundo lugar nos nossos mitos, lugar demais,
móveis demais e quartos demais há no mundo,
e o meu corpo entre e sob tantas coisas abatido,
com um pensamento fixo de escravidão e de correntes.

Bem, os meus joelhos, como nós,
particulares, funcionários, evidentes,
separam as metades das minhas pernas de uma forma
 seca:
e na realidade, dois mundos diferentes, dois sexos diferentes
não são tão diferentes como as duas metades das minhas
 pernas.

Desde la rodilla hasta el pie una forma dura,
mineral, fríamente útil, aparece,
una criatura de hueso y persistencia,
y los tobillos no son ya sino el propósito desnudo,
la exactitud y lo necesario dispuestos en definitiva.

Sin sensualidad, cortas y duras, y masculinas,
son allí mis piernas, y dotadas
de grupos musculares como animales complementarios,
y allí también una vida, una sólida, sutil, aguda vida
sin temblar permanece, aguardando y actuando.

En mis pies cosquillosos,
y duros como el sol, y abiertos como flores,
y perpetuos, magníficos soldados
en la guerra gris del espacio,
todo termina, la vida termina definitivamente en mis
    pies
lo extranjero y lo hostil allí comienzan:
los nombres del mundo, lo fronterizo y lo remoto,
lo sustantivo y lo adjetivo que no caben en mi corazón
con densa y fría constancia allí se originan.

Siempre,
productos manufacturados, medias, zapatos,
o simplemente aire infinito,
habrá entre mis pies y la tierra
extremando lo aislado y lo solitario de mi ser,
algo tenazmente supuesto entre mi vida y la tierra,
algo abiertamente invencible y enemigo.

Do joelho até o pé, uma forma dura,
mineral, friamente útil, aparece,
uma criatura de osso e persistência,
e os tornozelos não passam do propósito nu,
a exatidão e o necessário dispostos em definitivo.

Sem sensualidade, curtas e duras, e masculinas,
são aí as minhas pernas, e dotadas
de grupos musculares como animais complementários,
e aí também uma vida, uma sólida, sutil, aguda vida
sem vacilar aparece, aguardando e atuando.

Nos meus pés coceguentos,
e duros como o sol, e abertos como flores,
e perpétuos, magníficos soldados
na guerra gris do espaço,
tudo termina, a vida termina definitivamente nos meus
        pés,
o estrangeiro e o hostil aí começam:
os nomes do mundo, o fronteiriço e o remoto,
o substantivo e o adjetivo que não cabem no meu coração
com densa e fria constância aí se originam.

Sempre,
produtos manufaturados, meias, sapatos,
ou simplesmente ar infinito,
haverá entre os meus pés e a terra,
extremando o insulado e solitário do meu ser,
algo tenazmente suposto entre a minha vida e a terra,
algo abertamente invencível e inimigo.

# EL FANTASMA DEL BUQUE
# DE CARGA

Distancia refugiada sobre tubos de espuma,
sal en rituales olas y órdenes definidos,
y un olor y rumor de buque viejo,
de podridas maderas y hierros averiados,
y fatigadas máquinas que aúllan y lloran
empujando la proa, pateando los costados,
mascando lamentos, tragando y tragando distancias,
haciendo un ruido de agrias aguas sobre las agrias aguas,
moviendo el viejo buque sobre las viejas aguas.

Bodegas interiores, túneles crepusculares,
que el día intermitente de los puertos visita:
sacos, sacos que un dios sombrío ha acumulado
como animales grises, redondos y sin ojos,
con dulces orejas grises,
y vientres estimables llenos de trigo o copra,
sensitivas barrigas de mujeres encinta,
pobremente vestidas de gris, pacientemente
esperando en la sombra de un doloroso cine.

Las aguas exteriores de repente
se oyen pasar, corriendo como un caballo opaco,
con un ruido de pies de caballo en el agua,
rápidas, sumergiéndose otra vez en las aguas.
Nada más hay entonces que el tiempo en las cabinas:
el tiempo en el desventurado comedor solitario,
inmóvil y visible como una gran desgracia.

# O FANTASMA DO NAVIO CARGUEIRO

Distância refugiada sobre tubos de espuma,
sal em ondas rituais e ordens definidas,
e um odor e rumor de barco velho,
de apodrecidas madeiras e ferros avariados,
e fatigadas máquinas que uivam e choram
a empurrar a proa, a maltratar os costados,
trincando lamentos, tragando e tragando distâncias,
fazendo um ruído de águas azedas sobre as águas azedas,
movendo o velho barco sobre as velhas águas.

Adegas interiores, túneis crepusculares,
que o dia intermitente dos portos visita:
sacos, sacos que um deus sombrio acumulou
como animais cinzentos, redondos e sem olhos,
com doces orelhas cinzentas,
e ventres estimáveis cheios de trigo ou copra,
sensitivas barrigas de mulheres grávidas,
pobremente vestidas de cinza, pacientemente
à espera na sombra de doloroso cinema.

As águas exteriores de repente
se ouvem a passar, correndo como um cavalo opaco,
com um barulho de pés de cavalo na água,
rápidas, submergindo-se mais uma vez nas águas.
Aí nada mais existe além do tempo nas cabinas:
o tempo no desventurado refeitório solitário,
imóvel e visível como uma grande desgraça.

Olor de cuero y tela densamente gastados,
y cebollas, y aceite, y aún más,
olor de alguien flotando en los rincones del buque,
olor de alguien sin nombre
que baja como una ola de aire las escalas,
y cruza corredores con su cuerpo ausente,
y observa con sus ojos que la muerte preserva.

Observa con sus ojos sin color, sin mirada,
lento, y pasa temblando, sin presencia ni sombra:
los sonidos lo arrugan, las cosas lo traspasan,
su transparencia hace brillar las sillas sucias.
Quién es ese fantasma sin cuerpo de fantasma,
con sus pasos livianos como harina nocturna
y su voz que sólo las cosas patrocinan?

Los muebles viajan llenos de su ser silencioso
como pequeños barcos dentro del viejo barco,
cargados de su ser desvanecido y vago:
los roperos, las verdes carpetas de las mesas,
el color de las cortinas y del suelo,
todo ha sufrido el lento vacío de sus manos,
y su respiración ha gastado las cosas.

Se desliza y resbala, desciende, transparente,
aire en el aire frío que corre sobre el buque,
con sus manos ocultas se apoya en las barandas
y mira el mar amargo que huye detrás del buque.

Cheiro de couro e tela densamente gastos,
e cebolas, e azeite, e mais,
um cheiro de alguém a flutuar nos recantos do navio,
um cheiro de alguém sem nome
que desce qual uma onda de ar as escadas,
e atravessa corredores com o seu corpo ausente,
e observa com os olhos seus que a morte preserva.

Observa com seus olhos sem cor, sem olhar,
lento, e passa vacilando, sem presença nem sombra:
os sons o enrugam, as coisas o transpassam,
sua transparência faz brilhar as cadeiras sujas.
Quem é este fantasma sem corpo de fantasma,
com seus passos leves como farinha noturna
e a sua voz que só as coisas patrocinam?

Os móveis viajam cheios do seu ser silencioso
como pequenos barcos dentro do velho barco,
carregados do seu ser desvanecido e vago:
os armários, as verdes cobertas das mesas,
a cor das cortinas e do chão,
tudo padeceu o lento vazio de suas mãos,
e a sua respiração gastou as coisas.

Desliza e resvala, flui, transparente,
uma aragem na aragem fria que percorre o navio,
com as mãos ocultas se apoia nos corrimões
e espia o mar amargo que corre atrás do barco.

Solamente las aguas rechazan su influencia,
su color y su olor de olvidado fantasma,
y frescas y profundas desarrollan su baile
como vidas de fuego, como sangre o perfume,
nuevas y fuertes surgen, unidas y reunidas.

Sin gastarse las aguas; sin costumbre ni tiempo,
verdes de cantidad, eficaces y frías,
tocan el negro estómago del buque y su materia
lavan, sus costras rotas, sus arrugas de hierro:
roen las aguas vivas la cáscara del buque,
traficando sus largas banderas de espuma
y sus dientes de sal volando en gotas.

Mira el mar el fantasma con su rostro sin ojos:
el círculo del día, la tos del buque, un pájaro
en la ecuación redonda y sola del espacio
y desciende de nuevo a la vida del buque
cayendo sobre el tiempo muerto y la madera,
resbalando en las negras cocinas y cabinas,
lento de aire y atmósfera y desolado espacio.

Só as águas repudiam a sua influência,
sua cor e seu olor de olvidado fantasma,
e frescas e profundas desenrolam a sua dança
como vidas de fogo, como sangue ou perfume,
novas e fortes surgem unidas e reunidas.

Sem se gastarem as águas; sem costume nem tempo,
verdes de quantidade, eficazes e frias,
tocam o negro estômago do barco e sua matéria
lavam, suas crostas rotas, suas rugas de ferro:
roem as águas vivas a casca do cargueiro,
trafegando suas longas bandeiras de espuma
e seus dentes de sal a revoar em gotas.

Espia o mar o fantasma com seu rosto sem olhos:
o círculo do dia, a tosse do barco, um pássaro
na equação redonda e solitária do espaço
e baixa de novo à vida do navio
a tombar sobre o tempo morto e a madeira,
resvalando por negras cozinhas e cabinas,
lento de ar e atmosfera e desolado espaço.

# TANGO DEL VIUDO

*Oh maligna, ya habrás hallado la carta, ya habrás*
      *llorado de fúria,*
*y habrás insultado el recuerdo de mi madre*
*llamándola perra podrida y madre de perros,*
*ya habrás bebido sola, solitaria, el té del atardecer*
*mirando mis viejos zapatos vacíos para siempre,*
*y ya no podrás recordar mis enfermedades, mis sueños*
      *nocturnos, mis comidas,*
*sin maldecirme en voz alta como si estuviera allí aún*
*quejándome del trópico, de los coolíes corringhis,*
*de las venenosas fiebres que me hicieron tanto daño*
*y de los espantosos ingleses que odio todavía.*

*Maligna, la verdad, qué noche tan grande, qué tierra*
      *tan sola!*
*He llegado otra vez a los dormitorios solitarios,*
*a almorzar en los restaurantes comida fría, y otra vez*
*tiro al suelo los pantalones y las camisas,*
*no hay perchas en mi habitación, ni retratos de nadie en*
      *las paredes.*
*Cuánta sombra de la que hay en mi alma daría por*
      *recobrarte,*
*y qué amenazadores me parecen los nombres de los meses,*
*y la palabra invierno qué sonido de tambor lúgubre tiene.*

*Enterrado junto al cocotero hallarás más tarde*
*el cuchillo que escondí allí por temor de que me mataras,*

# TANGO DO VIÚVO

*Oh maligna, já terás achado a carta, já terás chorado
   de fúria,
e terás insultado a memória de minha mãe
chamando-a cachorra suja e mãe de cachorros,
já terás tomado sozinha, solitária, o chá do entardecer
a espiar os meus velhos sapatos vazios para sempre,
e já não poderás recordar minhas doenças, meus
   sonhos noturnos, minhas comidas,
sem maldizer-me em voz alta como se estivesse ainda aí
a queixar-me do trópico, dos coolíes corringhis,
das venenosas febres que me fizeram tanto mal
e dos espantosos ingleses que eu odeio ainda.*

*Maligna, na verdade, que noite tão grande, que terra
   tão só!
Cheguei mais uma vez aos dormitórios solitários,
a almoçar nos restaurantes comida fria, e uma vez ainda
atiro no chão as calças e as camisas,
não há cabides no meu quarto, nem retrato de
   ninguém nas paredes.
Quanta sombra da que existe em minha alma não daria
   para recobrar-te,
e que ameaçadores me parecem os nomes dos meses,
e a palavra inverno como tem um som de tambor lúgubre.*

*Enterrado perto do coqueiro, acharás mais tarde
o facão que lá escondi por temor de que me matasses,*

*y ahora repentinamente quisiera oler su acero de cocina
acostumbrado al peso de tu mano y al brillo de tu pie:
bajo la humedad de la tierra, entre las sordas raíces,
de los lenguajes humanos el pobre sólo sabría tu nombre,
y la espesa tierra no comprende tu nombre
hecho de impenetrables substancias divinas.*

*Así como me aflige pensar en el claro día de tus piernas
recostadas como detenidas y duras aguas solares,
y la golondrina que durmiendo y volando vive en tus ojos,
y el perro de furia que asilas en el corazón,
así también veo las muertes que están entre nosotros
        desde ahora,
y respiro en el aire la ceniza y lo destruido,
el largo, solitario espacio que me rodea para siempre.*

*Daría este viento de mar gigante por tu brusca
        respiración
oída en largas noches sin mezcla de olvido,
uniéndose a la atmósfera como el látigo a la piel del
        caballo.
Y por oírte orinar, en la oscuridad, en el fondo de la casa,
como vertiendo una miel delgada, trémula, argentina,
        obstinada,
cuántas veces entregaría este coro de sombras que poseo,
y el ruido de espadas inútiles que se oye en mi alma,
y la paloma de sangre que está solitaria en mi frente
llamando cosas desaparecidas, seres desaparecidos,
substancias extrañamente inseparables y perdidas.*

*e agora repentinamente queria cheirar o seu aço de cozinha
acostumado ao peso da tua mão e ao brilho dos teus pés:
sob a umidade da terra, entre as surdas raízes,
das linguagens humanas o infeliz só saberia o teu nome,
e a espessa terra não compreende o teu nome
feito de impenetráveis substâncias divinas.*


*Assim como me aflige pensar no claro dia das tuas pernas
recostadas como detidas e duras águas solares,
e a andorinha que dormindo e voando vive nos teus
         olhos,
o cão de fúria que abrigas no coração,
assim vejo também as mortes que estão entre nós a partir
         de agora,
e respiro na brisa a cinza e o destruído,
o longo, solitário espaço que me cerca para sempre.*


*Daria este vento de mar gigante por tua brusca
         respiração
ouvida em longas noites sem mescla de esquecimento,
unindo-se à atmosfera como o chicote à pele do cavalo.
E para te ouvir urinando, no escuro, no fundo da casa,
como vertendo um mel fino, trêmulo, argentino,
         obstinado,
quantas vezes não entregaria este coro de sombras que
         eu possuo,
e o ruído de espadas inúteis que se ouve na minha alma,
e a pomba de sangue que está solitária na minha fronte
a chamar coisas desaparecidas, seres desaparecidos,
substâncias estranhamente inseparáveis e perdidas.*

IV

# **CANTARES**

La parracial rosa devora
y sube a la cima del santo:
con espesas garras sujeta
el tiempo al fatigado ser:
hincha y sopla en las venas duras,
ata el cordel pulmonar, entonces
largamente escucha y respira.

Morir deseo, vivir quiero,
herramienta, perro infinito,
movimiento de océano espeso
con vieja y negra superficie.

Para quién y a quién en la sombra
mi gradual guitarra resuena
naciendo en la sal de mi ser
como el pez en la sal del mar?

Ay, qué continuo país cerrado,
neutral, en la zona del fuego,
inmóvil, en el giro terrible,
seco, en la humedad de las cosas.

Entonces, entre mis rodillas,
bajo la raíz de mis ojos,
prosigue cosiendo mi alma:
su aterradora aguja trabaja.

# CANTARES

A PARREIRAL rosa devora
e sobe por cima do santo:
com espessas garras sujeita
o tempo ao fatigado ser:
infla e sopra nas veias duras,
ata o cordel pulmonar, então
longamente escuta e respira.

Morrer desejo, viver eu quero,
ferramenta, cão infinito,
movimento de oceano espesso
com velha e negra superfície.

Para quem e a quem na sombra
minha gradual guitarra ressoa
nascendo no sal do meu ser
como o peixe no sal do mar?

Ai, que contínuo país fechado,
neutral, na zona do fogo,
imóvel, no giro terrível,
seco, na umidade das coisas.

Então, entre os meus joelhos,
sob a raiz dos meus olhos,
continua costurando minh'alma:
sua aterradora agulha trabalha.

Sobrevivo en medio del mar,
solo y tan locamente herido,
tan solamente persistiendo,
heridamente abandonado.

Sobrevivo ao meio do mar,
só e tão loucamente ferido,
tão solitariamente persistindo,
feridamente abandonado.

# TRABAJO FRÍO

Dime, del tiempo resonando
en tu esfera parcial y dulce,
no oyes acaso el sordo gemido?

No sientes de lenta manera,
en trabajo trémulo y ávido,
la insistente noche que vuelve?

Secas sales y sangres aéreas,
atropellado correr de ríos,
temblando el testigo constata.

Aumento oscuro de paredes,
crecimiento brusco de puertas,
delirante población de estímulos,
circulaciones implacables.

Alrededor, de infinito modo,
en propaganda interminable,
de hocico armado y definido
el espacio hierve y se puebla.

No oyes la constante victoria,
en la carrera de los seres,
del tiempo, lento como el fuego,
seguro y espeso y hercúleo,

# TRABALHO FRIO

Dize-me, do tempo ressoando
na tua esfera parcial e doce,
não ouves acaso o surdo gemido?

Não sentes de lenta maneira,
em trabalho trêmulo e ávido,
a insistente noite que volta?

Áridos sais e sangues aéreos,
atropelado correr de rios,
a tremer constata o testemunho.

Aumento obscuro de paredes,
crescimento brusco de portas,
delirante povoação de estímulos,
circulações implacáveis.

Em redor, de infinito modo,
em propaganda interminável,
de focinho armado e definido
o espaço ferve e se povoa.

Não ouves a constante vitória,
na corrida dos seres,
do tempo, lento como o fogo,
certo e espesso e hercúleo,

acumulando su volumen
y añadiendo su triste hebra?

Como una planta perpetua, aumenta
su delgado y pálido hilo,
mojado de gotas que caen
sin sonido, en la soledad.

acumulando o seu volume
e aumentando a sua triste fibra?

Como uma planta perpétua, aumenta
seu delgado e pálido fio,
molhado de gotas que caem
sem som, na solidão.

# SIGNIFICA SOMBRAS

Qué esperanza considerar, qué presagio puro,
qué definitivo beso enterrar en el corazón,
someter en los orígenes del desamparo y la inteligencia,
suave y seguro sobre las aguas eternamente turbadas?

Qué vitales, rápidas alas de un nuevo ángel de sueños
instalar en mis hombros dormidos para seguridad
        perpetua,
de tal manera que el camino entre las estrellas de la muerte
sea un violento vuelo comenzado desde hace muchos
        días y meses y siglos?

Tal vez la debilidad natural de los seres recelosos y ansiosos
busca de súbito permanencia en el tiempo y límites en
        la tierra,
tal vez las fatigas y las edades acumuladas implacablemente
se extienden como la ola lunar de un océano recién
        creado
sobre litorales y tierras angustiosamente desiertas.

Ay, que lo que yo soy siga existiendo y cesando de existir,
y que mi obediencia se ordene con tales condiciones
        de hierro
que el temblor de las muertes y de los nacimientos no
        conmueva
el profundo sitio que quiero reservar para mí
        eternamente.

# SIGNIFICA SOMBRAS

Que esperança considerar, que presságio puro,
que definitivo beijo enterrar no coração,
submeter nas origens do desamparo e da inteligência,
suave e seguro sobre as águas eternamente turvadas?

Que vitais, rápidas asas dum novo anjo de sonhos
instalar nos meus ombros adormecidos para segurança
    perpétua,
de tal modo que o caminho entre as estrelas da morte
seja um violento voo começado há muitos dias e meses
    e séculos?

Talvez a debilidade natural dos seres receosos e ansiosos
busque de súbito permanência no tempo e limites na
    terra,
talvez as fadigas e as idades acumuladas implacavelmente
se estendam como a onda lunar de novo oceano
    recém-criado
sobre litorais e terras angustiosamente desertas.

Que o que eu sou, ai, siga existindo e deixando de existir,
e que a minha obediência se ordene em tais condições
    de ferro
que o tremor das mortes e dos nascimentos não
    comova
o profundo lugar que desejo reservar para mim
    eternamente.

Sea, pues, lo que soy, en alguna parte y en todo tiempo,
establecido y asegurado y ardiente testigo,
cuidadosamente destruyéndose y preservándose
 incesantemente,
evidentemente empeñado en su deber original.

lepmeditores
**www.lpm.com.br**
o site que conta tudo

IMPRESSÃO:

**PALLOTTI**
GRÁFICA

Santa Maria - RS | Fone: (55) 3220.4500
*www.graficapallotti.com.br*

Seja, assim, o que sou, em alguma parte e o tempo
        todo,
estabelecido e assegurado e ardente testemunho,
cuidadosamente destruindo-se e preservando-se
        incessantemente,
evidentemente empenhado em seu dever original.